Katja Büscher

Adler Alfred hat Angst

Witzige 5-Minuten-Geschichten zur Förderung der phonologischen Bewusstheit

scolix

Katja Büscher ist Autorin zahlreicher Kurzgeschichten und Gedichte für Kinder. Ihr Leben, beruflich wie privat, spielt sich im Kölner Süden ab. Sie arbeitet dort als Förderschullehrerin an einer inklusiven Grundschule.
Die kölsche Frohnatur führt seit vielen Jahren Schüler mit viel Freude an das Lesen heran. Ihr war es schon immer ein großes Anliegen, die Lese- und Schreibmotivation bei Kindern zu wecken und das Interesse an Geschichten und Gedichten zu fördern. Verregnete Nachmittage nutzt sie daher allzu gerne, um ihren fantasievollen Gedanken freien Lauf zu lassen und lustige Geschichten zu verfassen. Zu ihren Hobbys gehören neben der Literatur und dem Schreiben auch noch der Sport und das Reisen.

Wir haben unseren Markennamen von AOL-Verlag zu scolix geändert. Alle Inhalte entsprechen den bisher unter dem Namen AOL-Verlag erschienenen Auflagen.

4. Auflage 2023

AAP Lehrerwelt GmbH
Veritaskai 3
21079 Hamburg
Telefon: +49 (0) 40325083-040
E-Mail: info@lehrerwelt.de
Geschäftsführung: Christian Glaser, Sandra Saghbazarian, Robin Schlenkhoff
USt-ID: DE 173 77 61 42
Register: AG Hamburg HRB/126335

Wir verwenden in unseren Werken eine genderneutrale Sprache. Wenn keine neutrale Formulierung möglich ist, nennen wir die weibliche und die männliche Form. In Fällen, in denen wir aufgrund einer besseren Lesbarkeit nur ein Geschlecht nennen können, achten wir darauf, den unterschiedlichen Geschlechtsidentitäten gleichermaßen gerecht zu werden.

Autorschaft: Katja Büscher
Redaktion: Redaktion: Kathrin Roth
Covergestaltung: TSA&B Werbeagentur GmbH, Hamburg
Coverfoto: wavebreakmedia/shutterstock.com
Illustrationen: Mundhaltungen zu J, X, Sp, St, Pf, Ch2 (ach-Laut): © Satzpunkt Ursula Ewert GmbH / alle anderen Mundhaltungen: © Scott Krausen
Satz: Satzpunkt Ursula Ewert GmbH, Bayreuth
Druck und Bindung: Korrekt Nyomdaipari Kft., Budapest

ISBN: 978-3-403-10608-1
www.scolix.de

Inhaltsverzeichnis

Ein paar Worte vorweg

Wie es zu diesem Buch kam

Die Idee zu dem Buch „Adler Alfred hat Angst“ entwickelte sich im Deutschunterricht der ersten Klasse. Da ich schon immer schreibbegeistert war und bin, fing ich an, mir für jeden „Buchstaben der Woche“ eine eigene Geschichte auszudenken. Was zunächst nur locker geplant war, wurde schnell zum festen Ritual und die Schüler fieberten jeden Montag der Geschichte mit dem neuen Buchstaben entgegen. Dabei wurde mir klar, welch besondere Aufgabe es doch ist, Kindern die Welt der Buchstaben näherbringen zu dürfen.

Worum es in dem Buch geht

Die hier versammelten Geschichten fördern auf humorvolle Weise die phonologische Bewusstheit und sind daher eine sinnvolle Unterstützung des Schriftspracherwerbs. Bei jeder Geschichte steht ein Buchstabe aus dem Abc im Mittelpunkt oder ein Umlaut („ä“, „ö“, „ü“), ein Diphthong („ei“, „eu“, „au“) oder aber Buchstaben, die jeweils für eine Lautung stehen (Di- bzw. Trigraphen wie „pf“, „st“, „sp“, „sch“, „ch“). Jede Geschichte handelt – in der Regel – von einem anderen Tier: Mal geht Bernd, der Bär, baden, mal findet Frosch Fred ein Fahrrad oder Renate, die Ratte, redet zu viel, mal hat das Zebra Zacharias Zahnschmerzen oder Stino, das Stinktier, und Stan, das Stachelschwein, streiten sich.

Wie das Buch eingesetzt werden kann

Zunächst einmal muss man nicht zwingend Lehrkraft sein, um mit den Geschichten arbeiten zu können. Auch Eltern, Tanten, Onkel, Omas, Opas und Erzieher können das Buch benutzen, denn der Einsatz ist einfach: Eine Geschichte vorlesen, schmunzeln, lachen und weiter geht es mit den immer gleichen Arbeitsschritten (siehe unten). Mithilfe der lustigen Geschichten, die in keiner bestimmten Reihenfolge vorgelesen werden müssen, soll den kleinen Lesern von morgen die Welt der Laute und Buchstaben ein wenig nähergebracht werden.

Anmerkungen zu den einzelnen Arbeitsschritten

Die Aufmerksamkeit der Kinder wird durch die lustigen Aneinanderreihungen von Wörtern automatisch auf die Anfangslaute gelenkt. Auf diese Weise bekommen sie eine erste Vorstellung von der Laut-Buchstaben-Zuordnung unserer Sprache. Mithilfe der weiteren Arbeitsschritte wird die Fertigkeit trainiert, Silben, Reime und Anlaute aus Wörtern herauszuhören, was ein sehr wichtiger Baustein des Schriftspracherwerbs ist. Schließlich ist das Gliedern von Wörtern, das Kennenlernen des Klangs der Sprache und das Heraushören der kleinsten sprachlichen Einheit die Basis für einen erfolgreichen Lese- und Schreibprozess. Dabei sollte man bedenken, dass es an dieser Stelle des Prozesses noch nicht darum geht, Rechtschreibregeln zu vermitteln.

Die Geschichten erleichtern die Unterrichtsplanung (Dauer mit Arbeitsschritten pro Geschichte ca. 15 Minuten). Für die Weiterarbeit ist kein Zusatzmaterial nötig. Da sich die Geschichten für die gesamte Klasse eignen, ist eine Binnendifferenzierung ebenfalls nicht notwendig. Jeder Schüler, unabhängig von seinem Leistungsstand, kann mitmachen.

Die folgenden, immer gleichen Arbeitsschritte gibt es zu jeder Geschichte:

1. Um welchen Buchstaben geht es in der Geschichte?
- Die Geschichte wird den Kindern vorgelesen. Die Kinder sagen, welcher Buchstabe jeweils im Mittelpunkt steht.

2. Welche Wörter kennst du noch nicht?
- Klären Sie unbekannte Wörter mit den Kindern.

3. Welche Wörter beginnen mit dem Buchstaben/Laut?
- Die Kinder nennen Wörter, die mit dem neuen Buchstaben beginnen. Die Antworten werden mündlich gesammelt.

4. Wie wird der Buchstabe ausgesprochen?
- Einführung der Lautbildung durch bewusstes Benutzen der Sprechwerkzeuge: Wo ist die Zunge? Was machen die Lippen? Was macht der Mund?

Zu jedem Laut gibt es ein „Mundbild". Es zeigt, wie der Mund beim jeweiligen Laut geformt ist, welche Sprechwerkzeuge dabei genutzt werden, und teilweise auch, an welcher Stelle sich die Sprechwerkzeuge befinden.

! **Tipp:** Schüler, die beim Bewusstmachen der Sprechwerkzeuge ein bisschen mehr Hilfe brauchen, benutzen einfach einen kleinen Spiegel. Damit können sie beim Sprechen leicht die Stellung ihrer Sprechwerkzeuge überprüfen.

5. Klatsche die Silben zu jedem Wort!
- Durch die Koordination von Sprechen und Klatschen erleben die Kinder den Wortrhythmus und erkennen die Silbenstruktur.

6. Stehe auf / Klatsche in die Hände / Stampfe mit den Füßen / Hebe die Hand, wenn das Wort mit dem Buchstaben beginnt!
- Sie lesen eine Reihe von vorgegebenen Wörtern vor. Die Kinder zeigen durch ein verabredetes Zeichen an, welches der vorgelesenen Wörter mit dem entsprechenden Laut beginnt.

7. Versuche, den Zungenbrecher nachzusprechen!
- Eine einfache Sprachübung, die erschwert werden kann, wenn der Zungenbrecher dreimal hintereinander wiederholt werden soll. Zungenbrecher machen Spaß und ganz nebenbei werden die Anlaute geübt.

8. Finde passende Reimwörter!
- Die Kinder sollen Reimwortpaare finden und achten dabei unbewusst auf den Klang von Lauten, Silben und Wörtern. Sie lesen den ersten Teil eines Reimpaares vor und die Kinder ergänzen Reimwörter, die mit dem Buchstaben der Woche beginnen.

Liebe Leser, legt los!
Lest langsam, lauscht leise und lacht laut.

In diesem Sinne wünsche ich Ihnen und euch viel Freude mit diesen ganz besonderen Geschichten!

Katja Büscher

A wie ... Alfred, der Adler, hat Angst

Alfred, der Adler, kommt mit Anlauf angesprungen. Obwohl er schon acht Jahre alt ist, kann er aktuell immer noch nicht fliegen, denn Alfred ist ein Angsthase. Selbst der anerkannte Arzt Alois, ein Affe, kann ihm nicht helfen.

„Kannst du nicht deine Arme ausbreiten?“, fragt Annemarie, die Antilope.

„Aber ich habe doch keine Arme! Ich habe Flügel, du Armleuchter!“, antwortet Adler Alfred.

„Lass uns Adalbert, den Ameisenbären, im Altenheim besuchen. Der alte Angeber ist so alt und dazu noch so klug, dass er bestimmt eine Antwort kennt“, schlägt die Antilope vor. Im Altenheim denkt Adalbert, der alte Ameisenbär, angestrengt nach. „Ich habe ein Rezept von meiner allerliebsten Tante Adelheid aus Afrika. Du brauchst acht Zutaten: Ahornsaft, einen Apfel, eine Ananas, Aprikosenmarmelade, eine Avocado, Apfelmus, eine Apfelsine und einen Aal.“

„Einen Aal!?“, fragt Adler Alfred erstaunt.

„April, April, natürlich brauchst du keinen Aal.“ Adalbert lacht.

„Ach so, ein Aprilscherz,“ versteht Alfred. Annemarie, die Antilope, hilft ihm, alle Zutaten in einer Aluminiumschüssel zu mischen. Adler Alfred nimmt acht Löffel von dem aromatischen Brei zu sich. Den Rest schüttet er in den Abfluss. Die Arznei wirkt: Alfred hat keine Angst mehr und stellt sich am Abend oben an den Abhang. Annemarie hat ihr allerschönstes Abendkleid angezogen und hält eine Ampel hoch. Die Ampel springt um auf Grün. Achtung, es geht los! Adler Alfred atmet noch einmal tief ein, nimmt Anlauf, springt ab und dann fliegt er. Ach, wie schön! Alfred fliegt über die Alpen nach Afrika, nach Asien, über die Anden, nach Amerika und über den Atlantik zurück. Fliegen ist das allerallerbeste Abenteuer!

1. Um welchen Buchstaben geht es in der Geschichte?

2. Welche Wörter kennst du noch nicht?

3. Welche Wörter beginnen mit A/a?

4. Wie wird das A/a ausgesprochen?

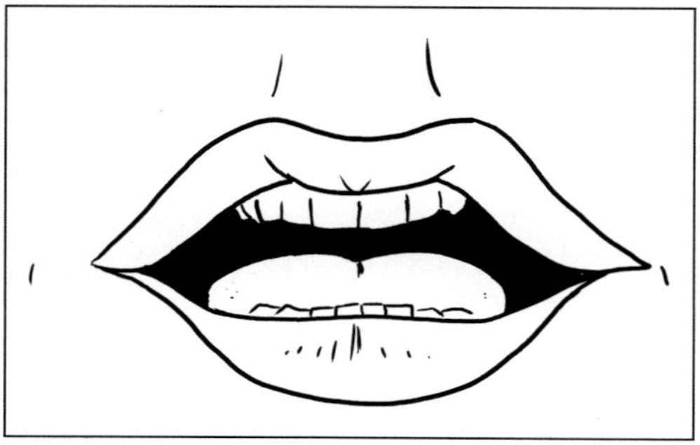

Beim A wird der Mund weit geöffnet, die Lippen bilden eine Rundung. Die Zunge liegt flach im Mund und die Zungenspitze zeigt nach vorn.

5. Klatsche die Silben zu jedem Wort!

Al-fred, Ap-fel, An-na, Aal, Alt-pa-pier, Angst, Af-fe, A-pri-ko-sen-mar-me-la-de

6. Stehe auf / Klatsche in die Hände / Stampfe mit den Füßen / Hebe die Hand, wenn das Wort mit einem A/a beginnt!

Ameise, Baum, Löffel, Afrika, April, fliegen, Anlauf, Arme, Beine, Ampel, Sofa, Ball

7. Versuche, den Zungenbrecher nachzusprechen!

Adler Alfred aß abends acht Apfelsinen aus Afrika.

8. Finde passende Reimwörter!

Wal – Aal / bald – alt / Radler – Adler / Darm – Arm / Nacht – acht / Ball – All / kalt – alt

B wie ... Bernd, der Bär, geht baden

Bernd, der Bär, ist Briefträger im Bärenland. Jeden Morgen nach einem Blubberbad setzt er seine blaue Briefträgermütze auf und belädt seinen blauen Briefträgerbeutel. Er nimmt den Bioblütenhonig von der brummenden Biene Bianca, das Butterbrot mit Brombeermarmelade von Bäcker Bruno, dem Bison, und den Backfisch von Barsch Benno. Benno ist eigentlich ein blöder Besserwisser, aber er backt den besten Backfisch im Backofen weit und breit. Der Briefträgerbeutel von Bernd ist brechend voll. Er geht los und läuft über die Brücke, die über einen breiten Bach führt. Doch Bernd ist so voll beladen, dass die Brücke unter ihm zusammenbricht. Bernd landet mit dem Bauch im bitterkalten Bach.

„Brr, ist das kalt“, brummt der Bär.

„Brauchst du Hilfe?“, fragt Bilbo, der Biber, der auf seinem Boot vorbeikommt und bremst. Doch Bernd ist bärenstark und kann sich selbst bis ans Ufer retten. Er blickt in seinen blauen Beutel. Zum Glück sind die Briefe nicht nass geworden, doch aus dem Bioblütenhonig, dem Brombeermarmeladenbrot und dem Backfisch ist ein brauner Brei geworden. Vorsichtig probiert er den besonderen Brei aus seinem Beutel. Bernd, der Bär, ist begeistert. „Bravo! Das ist der beste Brei!“

Auch Biber Bilbo probiert den Brei aus Bernds Beutel und ist genauso begeistert.

Der leckere Brei aus Bernds blauem Beutel spricht sich schnell im Bärenland herum. Deshalb bringt Bernd nun allen Bewohnern des Bärenlandes nicht nur ihre Briefe, sondern auch den besten Bioblütenhonig-Brombeerbutterbrot-Backfisch-Brei in braunen Beuteln vorbei.

1. Um welchen Buchstaben geht es in der Geschichte?

2. Welche Wörter kennst du noch nicht?

3. Welche Wörter beginnen mit B/b?

4. Wie wird das B/b ausgesprochen?

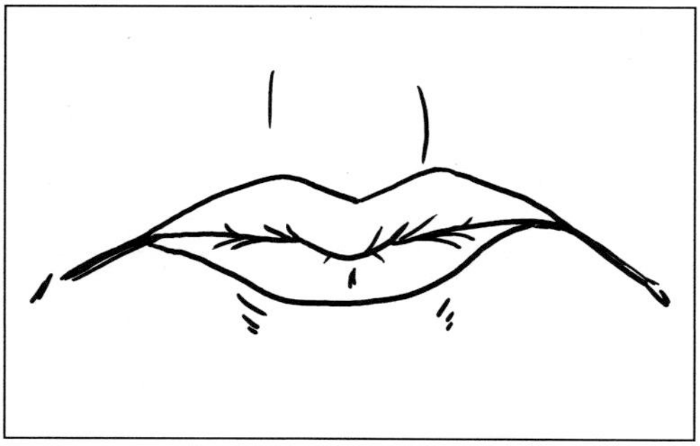

Beim B liegen die Lippen locker aufeinander und bilden einen Verschluss. Die Luft entweicht langsam, der Verschluss wird gelöst. Das B wird mit Stimme gesprochen.

5. Klatsche die Silben zu jedem Wort!

Bär, Brief-trä-ger, Beu-tel, But-ter-brot, Boot, Back-fisch, Bie-ne, bit-ter-kalt

6. Stehe auf / Klatsche in die Hände / Stampfe mit den Füßen / Hebe die Hand, wenn das Wort mit einem B/b beginnt!

Ball, Tisch, Brei, Besen, Post, Garten, Banane, Boot, Pause, Beutel, Backofen, Buch

7. Versuche, den Zungenbrecher nachzusprechen!

Wenn Bernd, der Bär, bremst, brennt Bernds Bremslicht.

8. Finde passende Reimwörter!

Tuch – Buch / Leine – Beine / Schaden – baden / Kutter – Butter / drei – Brei / leer – Bär / Kuss – Bus / rot – Brot / Schrei – Brei / Wesen – Besen

C wie ... Clemens, der Clownfisch, braucht Vitamin C

Clemens, der Clownfisch, lebt mit den anderen Clownfischen und seinem Cousin in einem großen Camp im Meer vor der Insel Curaçao. Die Clownfische haben dort ein Café und sogar ein Casino.

Clemens, der Clownfisch, spielt oft im Casino Canasta mit seinen Freunden. Manchmal lesen sie aber auch Comics über lustige Cowboys. Danach essen sie immer Croissants oder Currywurst mit Curryketchup und trinken Cola. Schon bald leidet Clemens unter Vitaminmangel.

„Das ist überhaupt nicht clever!", schimpft Clemens' Mutter Carola. Die Clownfischmutter schaut in ihrem Computer nach, was man gegen Vitaminmangel machen kann.

Ganz klar: Clemens, der Clownfisch, braucht jede Menge gesundes Essen. Deshalb mixt Clemens' Mutter Carola einen cremigen Clementinencocktail mit Cashewkernen.

„Schmeckt das cool", freut sich Clemens, der Clownfisch. „Ohne Vitamine geht es einfach nicht."

1. Um welchen Buchstaben geht es in der Geschichte?

2. Welche Wörter kennst du noch nicht?

3. Welche Wörter beginnen mit C/c?

4. Wie wird das C/c ausgesprochen?

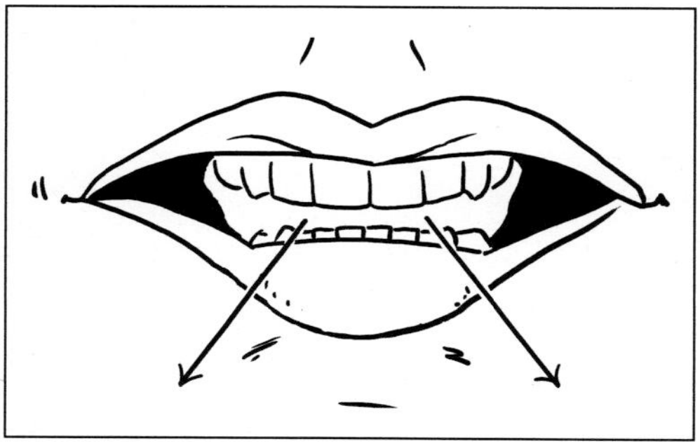

Wenn sich das C wie K anhört, ist der Mund geöffnet, die Zunge bleibt unten liegen. Die Luft wird herausgepresst und der Laut entsteht im Rachen. Das K wird ohne Stimme gesprochen.

5. Klatsche die Silbe zu jedem Wort!

Cle-mens, Clown, Com-pu-ter, Clown-fisch, Camp, Ca-ro-la, Cle-men-ti-nen-saft, Cent

6. Stehe auf / Klatsche in die Hände / Stampfe mit den Füßen / Hebe die Hand, wenn das Wort mit einem C/c beginnt!

Clown, Pferd, CD, Comic, Teddy, Curry, Computer, Spinne, Puppe, Clementine, Cent

7. Versuche, den Zungenbrecher nachzusprechen!

Clownfisch Clemens' Cousine Carola spielt Computer im Casino.

8. Finde passende Reimwörter!

Pool – cool / brennt – Cent / Tonic – Comic / Zaun – Clown / Bello – Cello

Hinweis: Das C wird lautlich auf unterschiedliche Weise repräsentiert, und zwar am häufigsten als [k] wie in „Comic" oder als [ʦ] wie in „circa".

D wie … Dan, der Dackel, isst dauernd Dauerwurst

Dackel Dan und Drossel Doris sind dicke Freunde. Jeden Dienstag und Donnerstag, wenn es dunkel ist, spielen sie zusammen Dudelsack oder Domino. Doch heute sitzt Dan, der Dackel, in eine Decke gehüllt auf dem Dach und isst Dauerwurst aus der Dose.

„Bist du dämlich, du kannst doch nicht dauernd Dauerwurst aus der Dose essen!“ Doris, die Drossel, ist geschockt.

„Oh doch! Die Dauerwurst aus der Dose duftet gut und ist eine Delikatesse. Also Daumen hoch!“, ruft Dan, der Dackel. Doch in der Nacht bekommt Dan Bauchschmerzen und Durchfall. Der Dackel nimmt daraufhin ein warmes Dampfbad. Doch das Dampfbad und auch eine Dusche helfen nicht.

Dan, der Dackel, muss zu Dachs Damian, dem Doktor. Dort angekommen, erzählt der Dackel, dass er viele Dosen Dauerwurst gegessen hat.

„Ab jetzt darfst du keine Dauerwurst aus Dosen mehr essen!“ Der Doktor verschreibt dem Dackel Datteln, Duftreis und Dinkelkörner gegen den Hunger und Dickmilch gegen den Durst.

„Danke!“ Dackel Dan verspricht, nie wieder so viele Dosen Dauerwurst zu essen, denn das ist auf Dauer wirklich doof.

1. Um welchen Buchstaben geht es in der Geschichte?

2. Welche Wörter kennst du nicht?

3. Welche Wörter beginnen mit D/d?

4. Wie wird das D/d ausgesprochen?

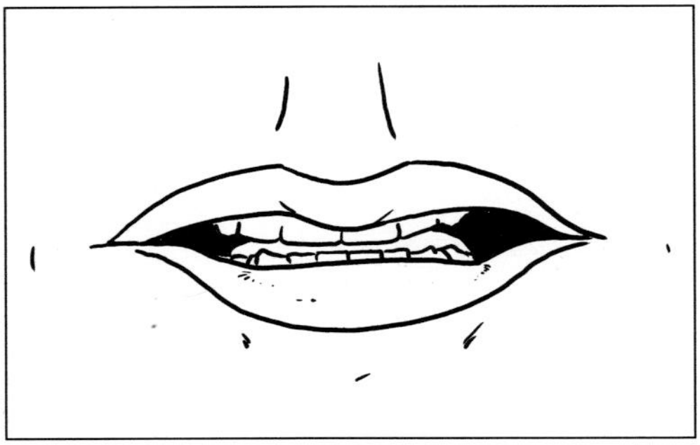

Beim D liegt die Zungenspitze hinter den oberen Schneidezähnen am Gaumen und bildet einen Verschluss. Die Luft entweicht langsam; der Verschluss wird sanft gelöst. Das D wird mit Stimme gesprochen.

5. Klatsche die Silben zu jedem Wort!

   Do-se, Dach, Dampf-bad, Dau-er-wurst, Dok-tor, Dan-ke, Dros-sel, Don-ners-tag

6. Stehe auf / Klatsche in die Hände / Stampfe mit den Füßen / Hebe die Hand, wenn das Wort mit einem D/d beginnt!

   Daumen, Hose, Dusche, Feder, Nadel, Dach, Tüte, Dackel, Deckel, Faden, Tag

7. Versuche, den Zungenbrecher nachzusprechen!

   Die dusselige Drossel Doris donnert durch das Dach.

8. Finde passende Reimwörter!

   Rose – Dose / Fach – Dach / Lauer – Dauer / Fackel – Dackel / Luft – Duft / Ecke – Decke / Zweck – Deck / Kino – Dino

E wie ... Erwin, das Erdmännchen, ist enttäuscht

Erwin, das Erdmännchen, ist entsetzlich enttäuscht und ehrlich empört, denn genau zum Finale des Elefantenrennens gibt es keine Erdnüsse mehr.

„Dann musst du eben Erdbeeren essen", schlägt Emma, die Ente, vor.

„Niemals werde ich Erdbeeren essen! Entschuldigung, aber Erdbeeren sind eklig!", erklärt Erdmännchen Erwin energisch.

„Wie wäre es mit einer Ecke Edamer Edelkäse?", erfragt der Esel Erich mit dem geknickten Eselsohr.

„Es wird ja immer ekliger. Edamer Edelkäse kannst du sofort entsorgen!", antwortet das Erdmännchen mit ernster Stimme.

„Du kannst doch Erbsen essen!", schlägt Ede, der Elefant, erwartungsfroh vor.

„Das ist am allerekligsten. Niemals werde ich Erbsen essen. Ich will Erdnüsse haben!" Erwin ist erzürnt.

Erwins Freunde sind in Erklärungsnot. Immer will Erwin eine Extrawurst! Erwins Freunde entschließen sich zu einem Experiment. Heimlich vergraben sie elf Erbsen in der Erde. Dann erklären sie Erwin energisch, dass es extra Erdnüsse für Erdmännchen sind. Erwin probiert vorsichtig eine Erbse aus dem Erdreich. Erst ist Erwin entrüstet, dann verzieht er den Mund und schaut ernst in die Runde. Endlich entlocken die Erbsen Erwin ein Lächeln. Erwin ist entzückt und Emma, Erich und Ede sind extrem erleichtert.

„Schaut her, ihr habt etwas für die Ewigkeit erfunden: die Erdmännchen-Erderbse!", ruft Erwin.

1. Um welchen Buchstaben geht es in der Geschichte?

2. Welche Wörter kennst du noch nicht?

3. Welche Wörter beginnen mit E/e?

4. Wie wird das E/e ausgesprochen?

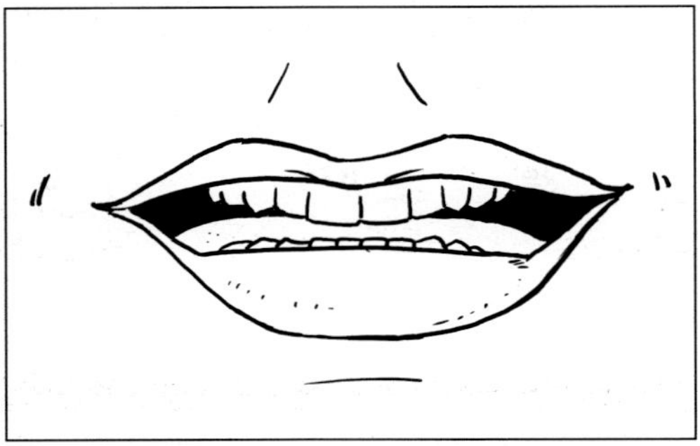

Beim E ist der Mund etwas geöffnet und die Lippen werden breit gezogen. Die Zungenspitze liegt hinter den unteren Schneidezähnen.

5. Klatsche die Silbe zu jedem Wort!

E-sel, En-te, E-le-fant, Erd-nuss, Er-de, Ex-tra-wurst, E-del-kä-se, Ex-pe-ri-ment

6. Stehe auf / Klatsche in die Hände / Stampfe mit den Füßen / Hebe die Hand, wenn das Wort mit einem E/e beginnt!

Erdbeere, Kamel, Paket, Erbse, Elefant, Bett, Erdmännchen, Igel, essen, Ecke

7. Versuche, den Zungenbrecher nachzusprechen!

Erdmännchen Erwin und Esel Erich essen extra viele Erbsen.

8. Finde passende Reimwörter!

Rente – Ente / Wesel – Esel / Pferde – Erde / messen – essen / Kelch – Elch / Recht – echt / Kleber – Eber

F wie ... Fred, der Frosch, findet ein Fahrrad

Als Fred, der Frosch, an einem Freitag im Februar um fünf Uhr vom Frisör kommt, findet er ein Fahrrad mit Flatterband und Fliegenschiss am Lenkrad. Er fragt sich, wem das Fahrrad mit dem Flatterband und dem Fliegenschiss wohl gehört. Da er den Fahrradbesitzer nicht finden kann, gibt er das Fahrrad bei Friedel, dem Fuchs, im Fundbüro ab und hängt zusätzlich ein Foto des Fahrrads in sein Fenster.

Nach dem Frühstück am nächsten Tag kommt Felix, der Fisch, ins Fundbüro. Felix hat sein Fahrrad auf dem Foto wiedererkannt.

„Aber können Fische denn überhaupt Fahrrad fahren?“, fragt Friedel, der Fuchs, fassungslos. „Fische haben doch gar keine Finger und auch keine Füße zum Fahrradfahren. Du flunkerst doch. Fährst du etwa mit diesen flutschigen Flossen Fahrrad?“, fragt Friedel weiter.

„Aber ja doch. Ich kann fantastisch Fahrrad fahren, sogar freihändig, ohne vom Fahrrad zu fallen“, sagt Felix, der Fisch, und klatscht dabei freudig in seine flutschigen Flossen.

1. Um welchen Buchstaben geht es in der Geschichte?

2. Welche Wörter kennst du nicht?

3. Welche Wörter beginnen mit F/f?

4. Wie wird das F/f ausgesprochen?

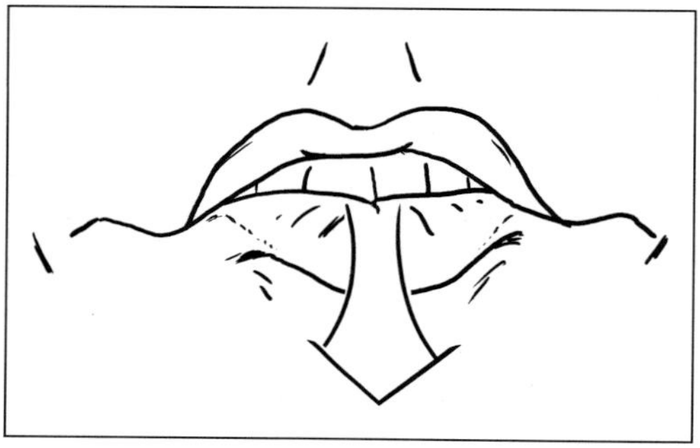

Beim F liegen die oberen Schneidezähne auf der Unterlippe, die Zunge liegt flach im Mund, die Luft wird gegen die Schneidezähne gedrückt. Das F wird ohne Stimme gebildet.

5. Klatsche die Silben zu jedem Wort!

Fo-to, Frosch, Fri-sör, Fahr-rad, Fla-sche, Frei-tag, Flos-sen, Fund-bü-ro, Flie-gen-schiss

6. Stehe auf / Klatsche in die Hände / Stampfe mit den Füßen / Hebe die Hand, wenn das Wort mit einem F/f beginnt!

Februar, Flasche, Wort, Brief, Telefon, Fenster, Wolf, Freude, Finger, Familie, Anfang

7. Versuche, den Zungenbrecher nachzusprechen!

Frosch Fred frisst freitags fünf flutschige, frische Frikadellen.

8. Finde passende Reimwörter!

Tisch – Fisch / Luchs – Fuchs / gerne – Ferne / Dinger – Finger / Gruß – Fuß / binden – finden / Brei – frei / Tasche – Flasche

G wie ... Gerda, die Giraffe, hat Geburtstag

Die gelb-braun gepunktete Giraffe Gerda hatte gestern Geburtstag. Heute gibt sie deshalb im Garten eine große Geburtstagsfeier.

Schon bald kommen die Gäste mit vielen Geschenken. Geier Günther schenkt ihr eine Gitarre, Gecko Gerhard eine Geige, Gepard Georg ein Glockenspiel und die Gans Gabriele aus Griechenland schenkt ihr einen Gong. Die Tiere beginnen sofort, mit den Geschenken großartige Geräusche zu machen.

Da schiebt Gerdas Großvater Gandolf die Gardine mit den grünen Gurken an die Seite und ruft: „Oh, wie grässlich sind diese Geräusche! Das hört sich ja so was von gruselig an! Hier hast du noch ein Geschenk von mir. Ich hoffe, es gefällt dir, Gerda."

Großvater gibt Gerda eine Gummischleuder und einen alten Gurkeneimer mit gelbgrünem Glibberschleim, den er noch schnell mit einer Gabel umrührt.

Glücklich bewerfen sich die Freunde nun mit dem glitschigen Glibberschleim und gackern gemeinsam vor Freude. Was für eine geniale Gummischleuder-Glibberschleim-Geburtstagsfeier!

1. Um welchen Buchstaben geht es in der Geschichte?

2. Welche Wörter kennst du noch nicht?

3. Welche Wörter beginnen mit G/g?

4. Wie wird das G/g ausgesprochen?

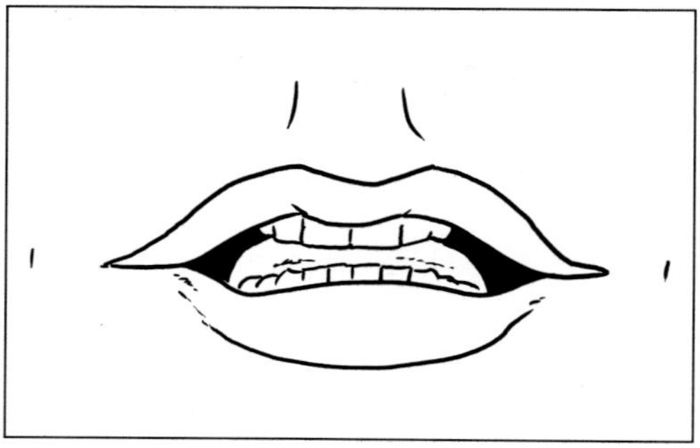

Das G wird am Gaumen gebildet. Der Mund ist leicht geöffnet und die Zunge liegt flach im Mund. Der Laut wird mit Stimme hinten im Mund gebildet.

5. Klatsche die Silben zu jedem Wort!

Gur-ke, Gar-ten, Gi-raf-fe, Ge-schenk, Gong, Gei-ge, Gar-ten-haus, Ge-burts-tags-fei-er

6. Stehe auf / Klatsche in die Hände / Stampfe mit den Füßen / Hebe die Hand, wenn das Wort mit einem G/g beginnt!

Igel, Geige, Katze, Giraffe, Geier, Auto, Kalender, Gans, Geschenk, Berg, Wiege

7. Versuche, den Zungenbrecher nachzusprechen!

Giraffe Gerda grillt gerne griechisches Gemüse.

8. Finde passende Reimwörter!

Feige – Geige / heben – geben / sehen – gehen / Fabel – Gabel / Fahrten – Garten / Schurke – Gurke / Floß – groß / Hans – Gans

H wie ... Hans, der Hase, möchte herumfliegen

Hans, der Hase, und Hildegard, die Hummel, sind ein Herz und eine Seele. Doch Hans, der Hase, hat einen Herzenswunsch:
Er möchte nicht mehr wie ein Hase hoppeln, sondern so herrlich herumfliegen wie die Hummel Hildegard. Deshalb häkelt Hildegard dem Hasen zu Hause Helikopterflügel.

Heute ist es so weit. Der Hase Hans hüpft auf einen hohen Hügel hinauf. Dort zieht er sich seine Helikopterflügel an. Zur Sicherheit trägt er noch einen hammerharten Helm, den er mit Heu ausstopft. Seine Hasenohren hängen rechts und links unter dem Helm heraus.

Dann hüpft der Hase Hans vom hohen Hügel in Richtung Himmel.
Er breitet unter dem Helm seine Hasenohren und die Helikopterflügel aus. Wie ein Hubschrauber hebt er ab – doch dann plumpst er wie ein Stück Holz hart zu Boden.

Hildegard hält vor Schreck die Luft an und fliegt hastig hinter Hans her. Hoffentlich hat sich der Hase nicht verletzt. Doch Hans hat Glück und braucht keine Hilfe. Der Helm hängt zwar schief auf seinem Kopf, doch trotzdem lacht der Hase herzlich.

„Himmel und Honig noch mal! Das Herumfliegen überlasse ich ab heute hundertprozentig dir, Hummel Hildegard."

1. Um welchen Buchstaben geht es in der Geschichte?

2. Welche Wörter kennst du noch nicht?

3. Welche Wörter beginnen mit H/h?

4. Wie wird das H/h ausgesprochen?

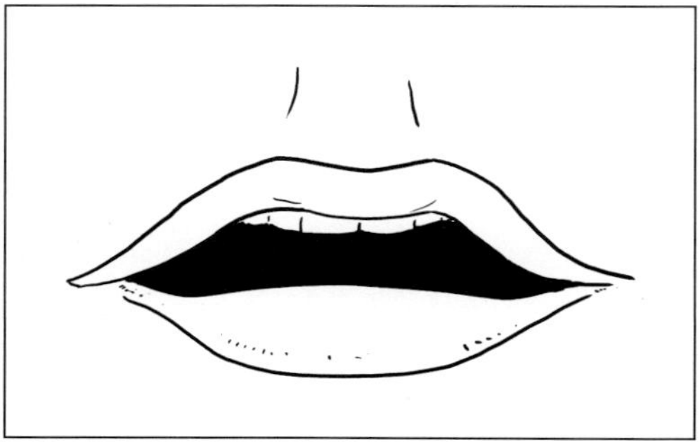

Bei geöffnetem Mund wird das H hörbar gehaucht. (Am Wortende und am Wortstammende ist es stumm; man hört es also nicht.)

5. Klatsche die Silben zu jedem Wort!

Ha-se, Hans, Hum-mel, Hil-fe, Him-mel, Ho-nig, Hil-de-gard, He-li-kop-ter-flü-gel

6. Stehe auf / Klatsche in die Hände / Stampfe mit den Füßen / Hebe die Hand, wenn das Wort mit einem H/h beginnt!

Hammer, Nashorn, Hut, Hummel, Gabel, Helm, Herz, Erde, Sonne, Honig, König

7. Versuche, den Zungenbrecher nachzusprechen!

Hase Hans hoppelt hinter Hummel Hildegard hohe Hügel hinauf.

8. Finde passende Reimwörter!

Nase – Hase / Maus – Haus / Schelm – Helm / Fummel – Hummel / Winter – hinter / rund – Hund / Mut – Hut / Kammer – Jammer

I wie ... Ingo, der Igel, ist traurig

Igel Ingo wohnte lange in einem Iglu auf einer isländischen Insel. Inzwischen wohnt er in einer alten Imkerei in Italien. Doch Ingo, der Igel, ist irgendwie traurig, denn er wird immer ignoriert. Ob das wohl an dem Insektenschutzmittel liegt, dass er immer benutzt?

„Immer ich", denkt er traurig. Igel Ingo inseriert deshalb in einer Illustrierten, um nicht mehr so einsam zu sein.

Ibrahim, der Iltis, ist Innenarchitekt und antwortet auf Ingos Inserat, denn er hat eine interessante Idee. „Lass das Insektenschutzmittel weg und steck dir bunte Indianerfedern auf deine Igelstacheln. Du wirst sehen, dass keiner dich mehr ignorieren wird."

Ingo, der Igel, besorgt sich die Indianerfedern und lässt das Insektenschutzmittel weg. Diese Investition lohnt sich, denn niemand ignoriert Ingo mehr.

Ganz im Gegenteil, Ingo imponiert Ingrid, der Insektenmama, sogar immens. Deshalb kauft Ingo ihr einen Blumenstrauß mit Immergrün und lädt Ingrid, die Insektenmama, zu einem indischen Curry, einer italienischen Pizza und einem Ingwertee ein.

1. Um welchen Buchstaben geht es in der Geschichte?

2. Welche Wörter kennst du noch nicht?

3. Welche Wörter beginnen mit I/i?

4. Wie wird das I/i ausgesprochen?

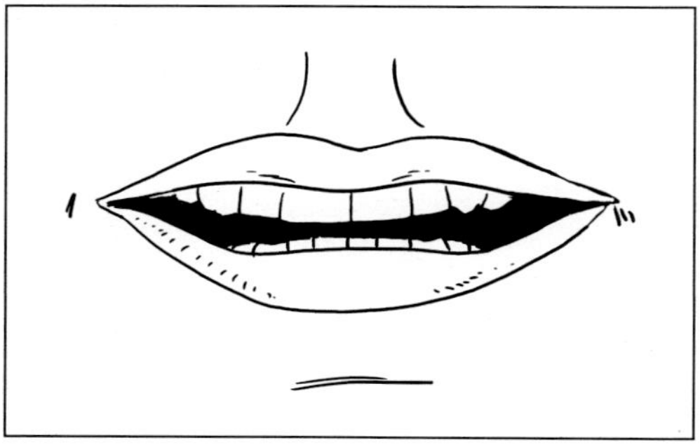

Beim I wird der Mund breit geöffnet und die Zunge liegt flach im Mund.

5. Klatsche die Silben zu jedem Wort!

I-gel, Im-ker, Il-tis, In-di-a-ner, In-sel, im-mer, I-ta-li-en, In-sek-ten-ma-ma

6. Stehe auf / Klatsche in die Hände / Stampfe mit den Füßen / Hebe die Hand, wenn das Wort mit einem I/i beginnt!

Tiger, Lupe, Igel, Insel, Liebe, Tier, immer, irgendwo, Italien, Gewitter, Lift

7. Versuche, den Zungenbrecher nachzusprechen!

Insektenmama Ingrid imkert immer in Igel Ingos Iglu.

8. Finde passende Reimwörter!

Pinsel – Insel / Riegel – Igel / Zimmer – immer / drinnen – innen / Kinder – Inder / Dinge – Inge / Ringo – Ingo

J wie ... Jan, dem Jaguar, ist jämmerlich langweilig

Jan, dem jagenden Jaguar, ist jämmerlich langweilig. Der Jaguar stellt bereits Juckpulver her, damit das Jucken ihn von der Langeweile ablenkt. Das hilft aber nicht. Deshalb isst er einen Joghurt und joggt jetzt am Strand entlang. Da hört er auf einmal wunderschönes Jodeln. „Jodejodelo." Jan, der Jaguar, findet die junge Jakobsmuschel Jasmin jodelnd am Strand. Jan kratzt sich nervös und spricht sie an: „Juhu, Jakobsmuschel! Du kannst ja schön jodeln!"

„Danke, Jaguar Jan! Was kannst du denn gut?", fragt Jasmin.

„Ich kann Judo, jonglieren und Kunststücke mit meinen Jo-Jos vorführen."

„Jippie! Das trifft sich gut." Jasmin, die Jakobsmuschel, jauchzt begeistert. „Dann komm doch einfach mit mir mit. Ich soll im Juni und Juli auf Jahrmärkten in Japan, Jordanien und sogar Jamaika auftreten, dort jodeln und Jeansjacken verkaufen."

Jan, der Jaguar, jubelt: „Jawohl, das mache ich. Das ist gut gegen die jämmerliche Langeweile."

Während Jan, der Jaguar, auf den Jahrmärkten jetzt jongliert und seine Kunststücke mit dem Jo-Jo vorführt, jodelt Jasmin, die Jakobsmuschel, und verkauft Jeansjacken, die sie mit Jans Juckpulver gefüllt hat.

1. Um welchen Buchstaben geht es in der Geschichte?

2. Welche Wörter kennst du noch nicht?

3. Welche Wörter beginnen mit J/j?

4. Wie wird das J/j ausgesprochen?
Das J wird auf zwei unterschiedliche Weisen gebildet bzw. ausgesprochen:

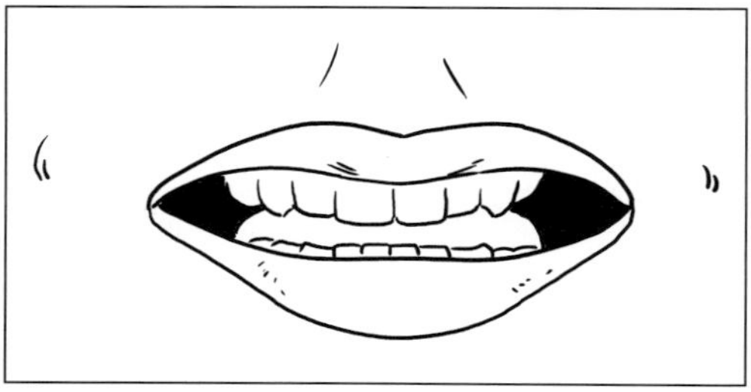

Der Mund ist breit und die Zahnreihen berühren sich nicht. Der Laut wird hinten im Mund gebildet. (J wie in Jacke)

Der Mund ist leicht nach vorne geöffnet, die Zahnreihen liegen locker aufeinander, die Zunge berührt beim Sprechen den Gaumen hinter den oberen Schneidezähnen. (J wie in joggen)

5. Klatsche die Silben zu jedem Wort!

Jo-Jo, Jan, Juck-pul-ver, Jo-ghurt, Ja-pan, Jahr-markt, jog-gen, Ja-kobs-mu-schel

6. Stehe auf / Klatsche in die Hände / Stampfe mit den Füßen / Hebe die Hand, wenn das Wort mit einem J/j beginnt!

Tafel, Kino, jodeln, Jäger, Boje, Langeweile, Jacke, Igel, Langeweile, Juli, Jahr

7. Versuche, den Zungenbrecher nachzusprechen!

Auf jedem Jahrmarkt jodelt Jaguar Jan jauchzend Jodellieder.

8. Finde passende Reimwörter!

Feder – jeder / Zunge – Junge / rodeln – jodeln / Hacke – Jacke / Trubel – Jubel / wahr – Jahr / spucken – jucken

K wie ... Kunibert, der Käfer, sucht ein Kostüm

Kunibert, der Käfer, schaut in seinen Kalender. Es ist kurz vor Karneval, aber Kunibert hat noch kein Kostüm. Der Käfer sucht im Keller in den Kisten und im alten Koffer. Er findet ein Kissen und eine Kuscheldecke, aber er findet einfach kein Kostüm.

„Es ist eine Katastrophe, ich kann mich nicht verkleiden." Der kleine Käfer Kunibert, der König der Krabbeltiere, ist entsetzt. Vor Kummer knabbert er an seiner Kette und seine Krone sitzt krumm auf seinem Kopf.

„Wir finden bestimmt noch ein Kostüm", tröstet ihn Konrad, der Koala. „Möchtest du dich vielleicht als Kamel, Krokodil, Klempner, Kranführer oder Kohlkopf verkleiden?"

„Das ist so langweilig. Ich möchte etwas anderes sein."

Karl, der Krebs, der im Kiosk arbeitet, hat eine Idee. „Wie wäre es, wenn du dich als Kaktus verkleidest? Noch nie ist jemand als Kaktus gegangen."

„Das ist wirklich eine krasse Idee." Und so verkleidet sich Kunibert als Kaktus. Er zieht sich einen kiwigrünen Anzug an und klebt mit Kleister Karotten darauf. Der Käfer sieht ganz schön komisch aus und das Kostüm ist gleichzeitig kratzig und kitzelig. So geht er zur Karnevalsfeier. Was für eine klasse Party!

Konrad, der Koala, klimpert auf dem Klavier. Karl, der Krebs, und Kunibert, der Käfer, lachen sich kaputt und schmeißen Konfetti.
Und die Krakendame Karola, die tausend Knoten in ihren Beinen hat, katapultiert sich ein Kilo des köstlichen Kirsch-Kokosnuss-Kuchens mit ihren Krakenbeinen in den Mund.

1. Um welchen Buchstaben geht es in der Geschichte?

2. Welche Wörter kennst du noch nicht?

3. Welche Wörter beginnen mit K/k?

4. Wie wird das K/k ausgesprochen?

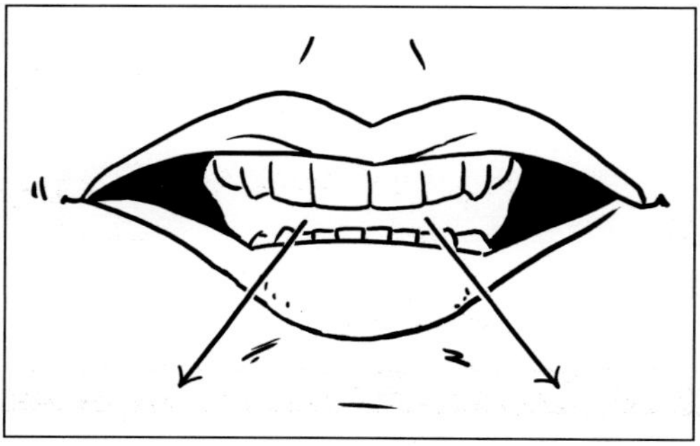

Beim K ist der Mund geöffnet, die Zunge bleibt auf dem Mundboden liegen. Die Luft wird herausgepresst und der Laut entsteht im Rachen. Das K wird ohne Stimme gesprochen.

5. Klatsche die Silben zu jedem Wort!

Kamm, Kö-nig, Kro-ko-dil, Kis-sen, Kä-fer, Kar-ne-val, Kak-tus, Ku-schel-dec-ke

6. Stehe auf / Klatsche in die Hände / Stampfe mit den Füßen / Hebe die Hand, wenn das Wort mit einem K/k beginnt!

Katze, Jacke, Koffer, Gabel, Hose, Knoten, Krake, Garten, Kirsche, Gemüse

7. Versuche, den Zungenbrecher nachzusprechen!

Käfer Kunibert krümelt kiloweise Kekse auf Koala Konrad.

8. Finde passende Reimwörter!

Tatze – Katze / Masse – Kasse / suchen – Kuchen / Teller – Keller / Glätte – Kette / Liste – Kiste / Stamm – Kamm

L wie … Leo, der Löwe, mit den lockigen Haaren

Leo, der Löwe, ist sehr eitel. Er möchte der Schönste im Tierreich sein. Darüber machen sich die anderen Tiere bereits lustig. Aber das ist Leo egal.

Ganz besonderen Wert legt er immer auf seine lockige, lange Löwenmähne. Leo mit dem lockigen Haar benutzt deshalb jeden Tag Lockenwickler. Es dauert immer sehr lange, bis seine lange Löwenmähne aufgedreht ist. Meistens hilft ihm Ludwig, der Leguan, dabei. Ludwig muss dafür allerdings auf eine Leiter steigen, um an den Kopf des Löwen zu kommen.

Währenddessen liegt Leo mit den Lockenwicklern lesend in seinem Liegestuhl und trinkt lila Limonade, lutscht einen Lolli, löffelt Linsensuppe oder leckt Lakritz.

„Ach, was ist das Leben doch lustig“, denkt er jedes Mal mit dem Lolli im Mund und lacht laut los. Manchmal lacht er sogar so laut, dass der Boden wackelt. Dann wackelt aber auch die Leiter, auf der Leguan Ludwig steht. Manchmal fällt Ludwig deshalb sogar von seiner Leiter. Deshalb hat er sich vorsorglich einen Laubhaufen um die Leiter gelegt, damit er nicht so hart fällt.

Wenn Ludwig unter dem Laub dann wieder hervorkriecht, lachen er und Leo laut los.

1. Um welchen Buchstaben geht es in der Geschichte?
2. Welche Wörter kennst du noch nicht?
3. Welche Wörter beginnen mit L/l?
4. Wie wird das L/l ausgesprochen?

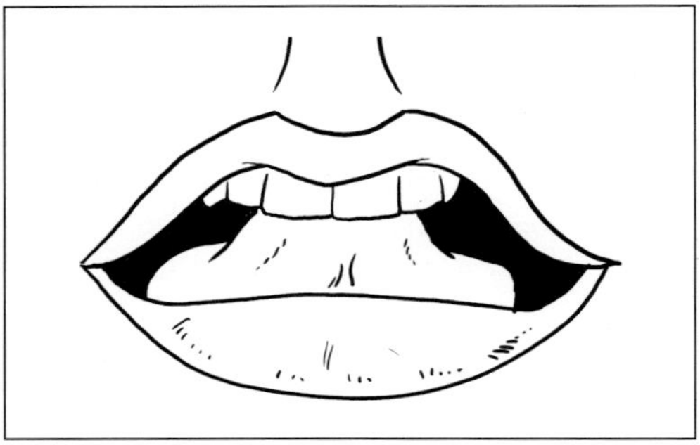

Beim L befindet sich die Zungenspitze hinter den oberen Schneidezähnen. Beim Sprechen entweicht die Luft langsam.

5. Klatsche die Silben zu jedem Wort!

   Lö-we, Laub, Lei-ter, la-chen, Laub-hau-fen, Lö-wen-mäh-ne, Loc-ken-wick-ler

6. Stehe auf / Klatsche mit den Händen / Stampfe mit den Füßen / Hebe die Hand, wenn das Wort mit einem L/l beginnt!

   Haare, Löwe, Leiter, Wal, Löffel, Laubhaufen, lesen, Schublade, Kopf, Liegestuhl

7. Versuche, den Zungenbrecher nachzusprechen!

   Löwe Leo lässt Leguan Ludwig lila Lollis lutschen.

8. Finde passende Reimwörter!

   machen – lachen / Reiter – Leiter / Socken – Locken / heben – leben / Möwe – Löwe / Diebe – Liebe / Staub – Laub / Zunge – Lunge

M wie … Malte, der Maulwurf, geht ins Murmelmuseum

An einem Mittwochmittag im Mai möchte Malte, der Maulwurf, ins Murmelmuseum gehen.

„Magst du mit mir ins Murmelmuseum gehen?“, fragt Malte seinen Mitarbeiter Manfred, den Mader, in der Mittagspause. „Im Murmelmuseum gibt es megaviele Murmeln: Minimurmeln, Maximurmeln, maisgelbe Murmeln, minzgrüne Murmeln, matschbraune Murmeln und eine megalange Murmelbahn.“

Manfred ist motiviert mitzugehen. Dafür lässt er sogar die Massage bei der molligen Motte Mona sausen. Malte und Manfred ziehen Mantel und Mütze an und flitzen mit dem Motorrad zum Museum. An der Museumskasse sitzt Milo, das miesgelaunte Murmeltier, und meckert mit Museumsdirektor Meier. Milo motzt: „Mir ist die Musik im Museum zu laut, die Museumsbesucher bezahlen alle mit Münzen und ich hatte keine Mittagspause. Außerdem habe ich mich auf dem Weg ins Museum mit meinem Mantel auf ein Maracujamarmeladenbrot gesetzt und jetzt ist der ganze Mantel voll mit Maracujamarmeladenmatsch und müffelt ekelig.“

„Ach du meine Güte. Aber ich habe zum Glück Medizin gegen miese Laune dabei“, murmelt Malte, der Maulwurf. „Die Medizin ist eine Matschepampe aus Minze, Maracujamarmelade, Marzipan und Majo. Davon musst du mehrere Löffel nehmen und du wirst sehen, deine miese Laune wird verschwinden.“

Nachdem Milo, das miesgelaunte Murmeltier, ein paar Löffel von der Matschmedizin genommen hat, ist seine miese Laune tatsächlich wie weggeblasen.

1. Um welchen Buchstaben geht es in der Geschichte?

2. Welche Wörter kennst du noch nicht?

3. Welche Wörter beginnen mit M/m?

4. Wie wird das M/m ausgesprochen?

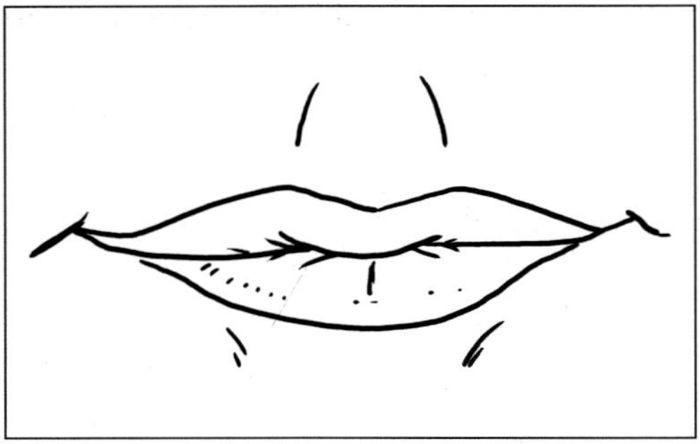

Beim M liegen die Lippen aufeinander und der Mund ist geschlossen. Langsam entweicht die Luft durch die Nase.

5. Klatsche die Silben zu jedem Wort!

Maus, Mur-mel, Mu-se-um, Me-di-zin, Mond, Mes-ser, Müt-ze, Mar-me-la-den-brot

6. Stehe auf / Klatsche in die Hände / Stampfe mit den Füßen / Hebe die Hand, wenn das Wort mit einem M/m beginnt!

Blume, Mond, Mütze, Mittwoch, Kamel, Nacht, Museum, Nadel, Baum, Biene

7. Versuche, den Zungenbrecher nachzusprechen!

Mama Maus mag Motte Monas Marmorkuchen.

8. Finde passende Reimwörter!

Laus – Maus / zahlen – malen / Knilch – Milch / Grotte – Motte / besser – Messer / dein – mein / Tag – mag / Wade – Made / Pfütze – Mütze

N wie ... Norbert, der Nasenbär, mag seinen Namen nicht

Norbert, der Nasenbär, mag seinen Namen nicht. Deshalb möchte er einen neuen Namen haben.

„Stell dir vor, dein Name wäre Neptun, Nepomuk, Nesselbert oder Nollerbeck", nuschelt Nils, das Nilpferd, das nebenbei auf einer Nuss herumkaut. Nilpferd Nils ist Noberts Nachbar und eine Nervensäge mit einer großen Nase. Wegen der großen Nase muss Nils, das Nilpferd, normalerweise immer niesen.

„Sollen wir über einen neuen Namen nachdenken?", nuschelt er weiter und niest anschließend.

„Nein, nein! Bloß nicht!", sagt Nina, das Nashorn von der Nordsee. „Der Name Norbert ist doch so schön." Nina hat sich heute besonders schick gemacht und sich ein großes Nest auf den Kopf gelegt, eine Nelke hinter das Ohr gesteckt und ein Netz mit Nieten um ihr Nashorn gebunden.

Und da Nasenbär Norbert ein bisschen in Nina, das Nashorn, verliebt ist, mag er seinen Namen Norbert auf einmal doch und möchte ihn nicht mehr ändern.

1. Um welchen Buchstaben geht es in der Geschichte?

2. Welche Wörter kennst du nicht?

3. Welche Wörter beginnen mit N/n?

4. Wie wird das N/n ausgesprochen?

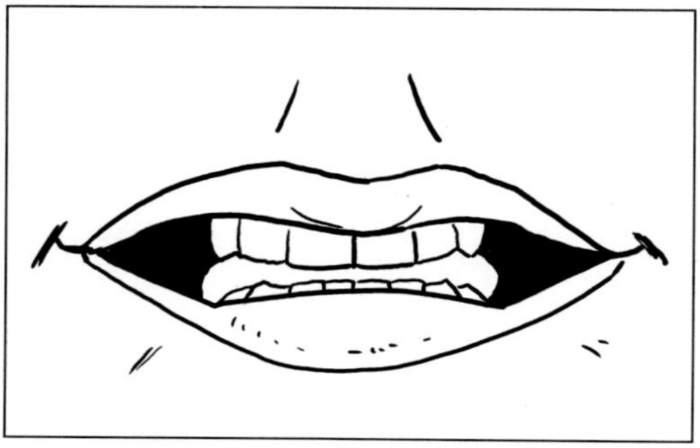

Beim N ist der Mund leicht geöffnet und die Zungenspitze berührt locker die oberen Schneidezähne. Der Laut wird gesummt.

5. Klatsche die Silben zu jedem Wort!

   Nest, Nas-horn, Na-gel, Na-me, Na-sen-bär, Nord-see, Nuss, Nel-ke, No-te, Nach-bar

6. Stehe auf / Klatsche mit den Händen / Stampfe mit den Füßen / Hebe die Hand, wenn das Wort mit einem N/n beginnt!

   Mensch, Krone, Name, Note, Dame, nein, niemand, Messer, Nagel, Fahne, Tanne, Nase

7. Versuche, den Zungenbrecher nachzusprechen!

   Norberts Nachbar nascht nachts Nüsse.

8. Finde passende Reimwörter!

   Blase – Nase / Knoten – Noten / acht – Nacht / Kuss – Nuss / Kabel – Nabel / Hagel – Nagel / Rest – Nest / Orden – Norden / Hase – Nase

O wie ... Oskar, der Orang-Utan, hält keine Ordnung

Auch kleine Orang-Utans müssen Ordnung halten, denn ohne Ordnung geht es nicht. Das ist auch bei Oskar, dem Orang-Utan, so. Trotzdem ist es bei ihm nie besonders ordentlich. Aber nächstes Wochenende ist Ostern und da kommen Orang-Utan-Oma Olivia mit den glitzernden Ohrringen und Orang-Utan-Opa Otto mit den lustigen Oberhemden vorbei. Sie kommen mit dem Omnibus. Deshalb muss Oskar aufräumen. Aber das mag er überhaupt nicht.

„Hier hast du ein paar Ordner", sagt seine Mutter und gibt sie ihm. Die Ordner sind orange.

„Okay!" Jetzt muss Oskar seine Sachen sortieren. Sein Vater hat ihm extra ein Regal gebaut, damit er mehr Ordnung halten kann. Auf das oberste Regalbrett kommen die orangefarbenen Ordner mit Oskars Bildern. Darunter legt er seine Oberhemden und Olaf, den Oktopus aus Stoff, den ihm sein Onkel Oliver geschenkt hat. Als alles ordentlich ist, kratzt Oskar sich am Ohr.

„Was gibt es denn zu essen, wenn Oma Olivia und Opa Otto kommen?", möchte Oskar wissen. Oskars Mutter stellt gerade einen Strauß Osterglocken und Orchideen auf den Tisch.

„Zuerst gibt es Obst und Oliven, danach überbackene Ochsenschwanzsuppe mit Oregano aus dem Ofen und zum Nachtisch Obstsalat. Später gibt es noch Omas Orangenkuchen", antwortet Oskars Mutter und zieht ihre Ofenhandschuhe aus. Oskar beißt sich auf die Oberlippe. Ob Oskar, der Orang-Utan, wohl Ochsenschwanzsuppe mit Oregano aus dem Ofen mag?

1. Um welchen Buchstaben geht es in der Geschichte?

2. Welche Wörter kennst du nicht?

3. Welche Wörter beginnen mit O/o?

4. Wie wird das O/o ausgesprochen?

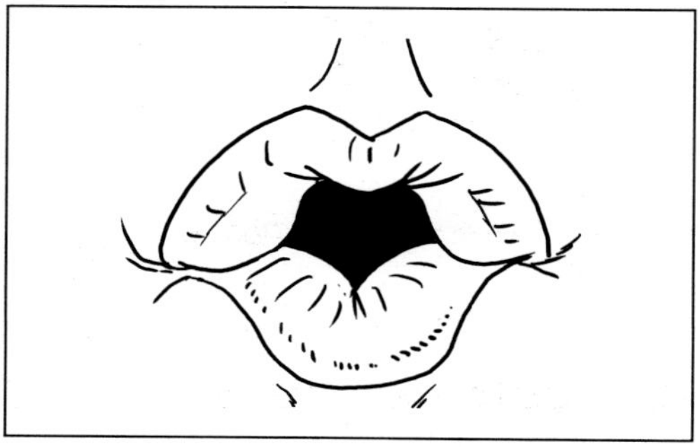

Beim O bilden die Lippen ein rundes Loch; der Mund ist etwas angespannt.

5. Klatsche die Silben zu jedem Wort!

O-ma, Ot-to, Obst, Ord-nung, On-kel, Ord-ner, Os-ter-gloc-ke, Och-sen-schwanz-sup-pe

6. Stehe auf / Klatsche in die Hände / Stampfe mit den Füßen / Hebe die Hand, wenn das Wort mit einem O/o beginnt!

Bluse, Ohr, Lob, Mond, Ostern, Auto, Onkel, Tante, Oberhemd, Ufo, Ofen, Obst

7. Versuche, den Zungenbrecher nachzusprechen!

Orang-Utan Oskar ordnet orangefarbene Oberhemden.

8. Finde passende Reimwörter!

loben – oben / Lotto – Otto / Hocker – ocker / Chor – Ohr / hoffen – offen / Kosten – Osten / Moor – Ohr / dort – Ort

P wie ... Poldi, der Pinguin, hat Bauchschmerzen

Poldi, der Pinguin, lebt am Polarkreis. Heute hat er Pech, denn er hat schlimme Bauchschmerzen. Poldi hat zu viele pikante Pilze gegessen. Um seinen Bauch warm zu halten, hat er sich bereits einen Pullover angezogen. Diesen Tipp hat ihm Professor Pelle gegeben.

Sein Freund Pepe, der Papagei, der auf einer Palme lebt, packt für Pinguin Poldi extra ein Paket mit ein paar pinken Pampelmusen. Schnell klebt er noch Porto auf das Paket und gibt es dann dem Piloten Pit aus Peru im Propellerflugzeug mit.

„Was bist du nur für ein Pechvogel! Hoffentlich waren die pikanten Pilze nicht giftig“, schreibt Pepe, der Papagei, mit einem Pinsel. „Deshalb schicke ich dir hier ein paar Pampelmusen. Sie sind pink und helfen dir, damit deine Bauchschmerzen weggehen.“

Poldi, der Pinguin, freut sich riesig über das Paket und beißt sofort in eine pinke Pampelmuse. Erst schmeckt sie herrlich sauer, dann süß. Poldi wartet, dass seine Bauchschmerzen verschwinden, und es dauert nicht lange, bis er wirklich keine Schmerzen mehr hat.

Plötzlich merkt Poldi aber etwas an seinem Popo. Es zwickt und zwackt und dann muss er so was von laut pupsen. Alle Tiere halten sich erschrocken Ohren und Nasen zu. Jetzt ist allen klar, dass Pinguin Poldi von pinken Pampelmusen pupsen muss.

1. Um welchen Buchstaben geht es in der Geschichte?
2. Welche Wörter kennst du noch nicht?
3. Welche Wörter beginnen mit P/p?
4. Wie wird das P/p ausgesprochen?

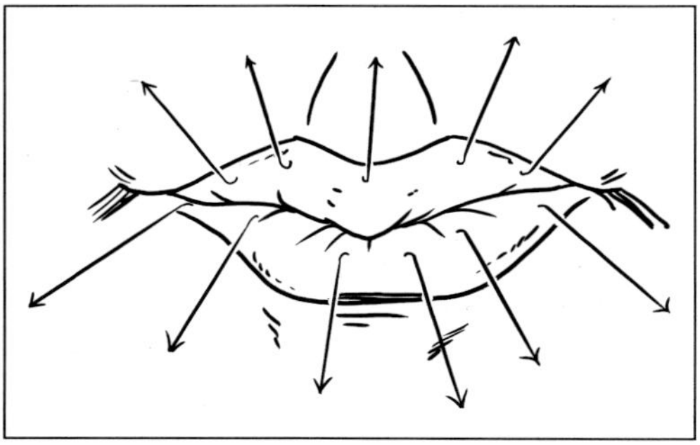

Das P wird mit den Lippen gebildet. Die Lippen liegen aufeinander; beim Sprechen wird Luft herausgesprengt und der Verschluss löst sich. P wird ohne Stimme gesprochen.

5. Klatsche die Silben zu jedem Wort!

   Pe-pe, Pa-pa-gei, Pech-vo-gel, Pi-lot, Pam-pel-mu-se, Pin-gu-in, Pro-pel-ler-flug-zeug

6. Stehe auf / Klatsche in die Hände / Stampfe mit den Füßen / Hebe die Hand, wenn das Wort mit einem P/p beginnt!

   Paket, Kunst, Polizei, Popcorn, Lupe, Ampel, Treppe, Bauch, Pinsel, Baum, Pilot

7. Versuche, den Zungenbrecher nachzusprechen!

   Pinguin Poldi muss von pinken Pampelmusen permanent pupsen.

8. Finde passende Reimwörter!

   Klo – Po / Filz – Pilz / Insel – Pinsel / Rakete – Pakete / Blech – Pech / Quark – Park / Fink – pink / Rost – Post / heiß – Preis

Qu wie ... Quirina, die Qualle, spielt Querflöte

Quirina, die Qualle, ist eine quirlige, quabbelige Qualle. Die Qualle wohnt in einem Aquarium unter einem acht Quadratmeter großen Stein.

Wenn sie nicht gerade mit den anderen Quallen quasselt, spielt Quirina am liebsten mit ihren Freunden, den Quallen Quintus, Quentin und Quinn, Quartett. Dann schwimmen Quirina, Quentin, Quintus und Quinn kreuz und quer durch das Wasser und quetschen sich unter Steine.

Eines Tages qualifiziert sich Quirina für ein Quiz. Bei dem Quiz gewinnt sie eine Querflöte. Jetzt spielt die Qualle ständig Querflöte und quietscht dabei vor Spaß. Aber sie macht auch gerne Quatsch. Zum Beispiel quakt sie gerne wie ein Frosch oder füllt gequirlten Quark und Quittengelee in ihre Querflöte. Dann kommt kein Ton mehr heraus, höchstens noch ein gequirltes Quieken und Quietschen.

1. Um welchen Buchstaben geht es in der Geschichte?

2. Welche Wörter kennst du nicht?

3. Welche Wörter beginnen mit Qu/qu?

4. Wie wird das Qu/qu ausgesprochen?

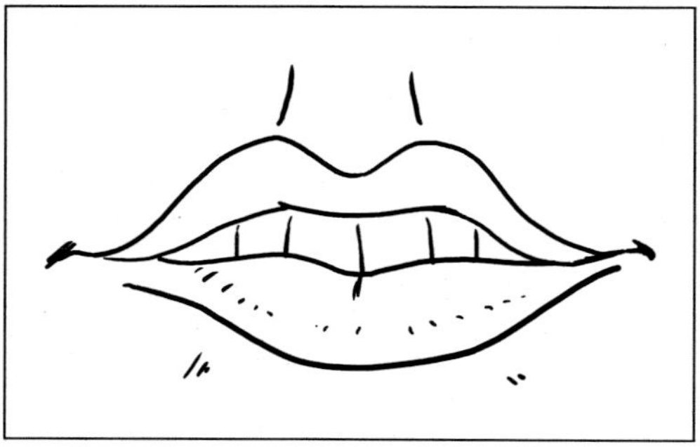

Beim Qu ist der Mund geöffnet und die Zunge bleibt am Mundboden liegen. Der Laut entsteht im Rachen und klingt wie „kw“.

5. Klatsche die Silben zu jedem Wort!

   Quiz, Qual-le, Qua-drat, quer, Quatsch, qua-ken, Quer-flö-te, Quit-ten-ge-lee

6. Stehe auf / Klatsche in die Hände / Stampfe mit den Füßen / Hebe die Hand, wenn das Wort mit Qu/qu beginnt!

   Qualle, Karte, Aquarium, Wind, Querflöte, Quitten, Klassenraum, Garten, Quark, Kuh, Quartett

7. Versuche, den Zungenbrecher nachzusprechen!

   Die quirlige Qualle Quirina quasselt qualifizierten Quatsch.

8. Finde passende Reimwörter!

   Park – Quark / Falle – Qualle / Meer – quer / Mitte – Quitte / Biss – Quiz / Matsch – Quatsch

R wie ... Renate, die Ratte, redet zu viel

Rolf, der Rollmops, radelt zum Rummelplatz. Dort trifft er seine Freunde Renate, die Ratte, und Rüdiger, den Regenwurm. Ratte Renate ist eine Rockerin. Sogar ihr Fell hat sie rot gefärbt. Regenwurm Rüdiger ist ein richtiger Rapper und kann sich wie eine Rosinenschnecke zusammenrollen.

Rolf, der Rollmops, Rüdiger, der Regenwurm, und Renate, die Ratte, gehen zuerst eine Runde über den Rummelplatz. Dann fahren sie Riesenrad in einer Raketengondel. Renate redet ununterbrochen, was Rolf, den Rollmops, aufregt.

„Kannst du nicht weniger reden?“, ruft Rolf ratlos.

„Wenn ich weniger reden soll, gebt mir etwas Richtiges zu essen“, antwortet die Ratte Renate.

Regenwurm Rüdiger reagiert sofort und holt rote Radieschen mit Rübenkraut, eine Riesenbratwurst und Rhabarbersaft. Endlich ist Ruhe, denn Renate isst.

Plötzlich hält sie die Luft an und dann hört man ein riesenlautes: „Rüüüülps!“ Renate, die Ratte, kann richtig laut rülpsen.

1. Um welchen Buchstaben geht es in der Geschichte?

2. Welche Wörter kennst du nicht?

3. Welche Wörter beginnen mit R/r?

4. Wie wird das R/r ausgesprochen?

Beim R wird durch das Ausatmen das Zäpfchen im Gaumen bewegt. Wenn man den Hals anfasst, kann man diese Vibration spüren. Das R wird mit Stimme gebildet.

5. Klatsche die Silben zu jedem Wort!

Rat-te, Rock, Re-gen-wurm, rot, Roll-mops, Ra-ke-te, Ro-si-nen-schnec-ke, Rie-sen-rad

6. Stehe auf / Klatsche in die Hände / Stampfe mit den Füßen / Hebe die Hand, wenn das Wort mit einem R/r beginnt!

Ratte, Schere, Räuber, Karussell, Regen, Radieschen, Rollmops, Giraffe, Garten, Ring, Reifen

7. Versuche, den Zungenbrecher nachzusprechen!

Rollmops Rolf rutscht Ratte Renates Rücken runter.

8. Finde passende Reimwörter!

Wolle – Rolle / Matte – Ratte / Block – Rock / Wiese – Riese / Segen – Regen / wichtig – richtig / Ding – Ring

S wie ... Siggi, der Seemann, gerät fast in Seenot

An einem Sommersonntag segelt Seemann Siggi mit seinem Segelboot in Richtung Sonnenuntergang. So viele Wellen auf der See wie heute gibt es selten. Deshalb macht sich Siggi Sorgen.

„Das sieht nach einem sagenhaften Sturm aus“, sagt er zu sich selbst. Deshalb fragt er Severin, den Seehund, der seelenruhig auf seiner Sandbank unter seinem Sonnenschirm liegt und Salzheringe isst: „Was meinst du, Severin? Sieht es heute nach Sturm aus?“

Der Seehund sieht den Seemann an und nickt. „Aber so was von! Selbst Seepferdchen Sonja hat sich schon versteckt. Wenn ich du wäre, würde ich sofort nach Hause segeln, bevor du in Seenot gerätst.“

Das lässt sich Siggi nicht zweimal sagen. Er zieht am dicken Seil und hisst das supergroße Segel. So schnell er kann, segelt er durch den hohen Seegang nach Hause. Dort angekommen, macht er es sich auf dem Sofa gemütlich und zieht seine dicken, sauberen Socken an. Während draußen der Sturm tobt, isst Siggi Salat, saure Suppe mit salziger Salami und superscharfen, süßen Senf.

1. Um welchen Buchstaben geht es in der Geschichte?
2. Welche Wörter kennst du nicht?
3. Welche Wörter beginnen mit S/s?

4. Wie wird das S/s ausgesprochen?
Das S wird auf zwei unterschiedliche Weisen ausgesprochen:

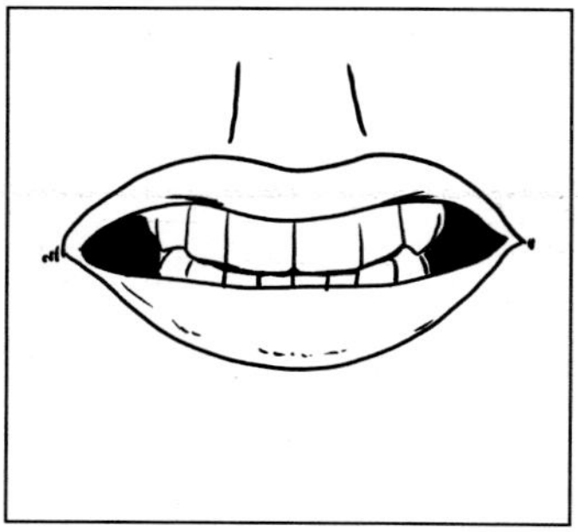

Beim stimmhaften S befindet sich die Zunge hinter den unteren Schneidezähnen. Die Lippen verziehen sich zu einem Lachmund. Die Zungenränder zeigen nach oben. Beim Sprechen entweicht die Luft langsam über diese Zungenrinne. Dieses S wird mit Stimme gesprochen und hört sich wie das Summen einer Biene an.

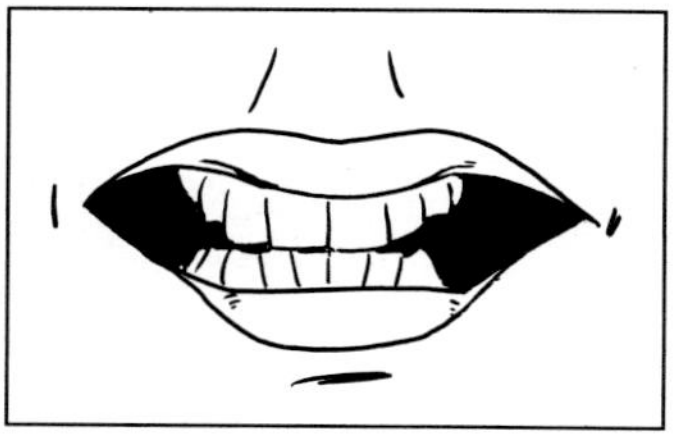

Beim stimmlosen S liegt die Zunge hinter den unteren Schneidezähnen; die Lippen bilden einen Lachmund. Der Luftstrom wird durch die Zungenrinne gesprengt. Der Laut hört sich an wie das Zischen einer Schlange.

5. Klatsche die Silbe zu jedem Wort!
Sonn-tag, Som-mer, Se-gel-boot, Son-nen-un-ter-gang, Senf, See-hund, See-gang

6. Stehe auf / Klatsche in die Hände / Stampfe mit den Füßen / Hebe die Hand, wenn das Wort mit einem S/s beginnt!
Haus, Salat, Ameise, Sonne, Sofa, Hose, Seemann, Segelboot, Käse, Ast, Sandbank

7. Versuche, den Zungenbrecher nachzusprechen!
Seemann Siggi sitzt sauber neben Seehund Severin.

8. Finde passende Reimwörter!
Puppe – Suppe / Mofa – Sofa / Keil – Seil / Tee – See / Kegel – Segel / Morgen – Sorgen / klagen – sagen / träge – Säge

Hinweis: Das stimmhafte S steht nur am Wort- oder Silbenanfang.

T wie ... Theodor, der Tausendfüßer, schießt mit Tomaten

Toni, der Tiger, und Tilda, die Taube, wohnen am Teich und sind richtig treue Freunde. Sie telefonieren täglich miteinander, besuchen sich gegenseitig und trinken eine Tasse Tee, eine Tasse Kakao aus Tonis Topf oder essen traumhaft leckere Torte.

Allerdings ärgert Taube Tilda Tiger Toni täglich, indem sie sich auf seinen Kopf setzt und mit ihren Füßen trommelt. Das ärgert Tiger Toni tagein und tagaus. Es gibt sogar Tage, da wird er rot vor Wut wie eine Tomate.

„Tilda, hör endlich auf, mich zu ärgern, sonst sind wir keine Freunde mehr!“, droht er ihr sogar eines Tages mit Tränen in den Augen und haut auf den Tisch.

„Aber es macht doch solchen Spaß, dich zu ärgern“, antwortet Taube Tilda.

„Weißt du, was wirklich Spaß macht?“, fragt Tiger Toni. Tilda schüttelt ihren Kopf.

„Wenn Tausendfüßer Theodor mit Tomaten auf Tore schießt – das macht wirklich Spaß.“

Schnell bauen sie sich aus Turnmatten ein Tor, tragen fünf Taschen und vier Tüten Tomaten in die Turnhalle und laden noch Tonis Tiger-Tante Thea ein. Am nächsten Tag kommt Tausendfüßer Theodor in Trainingsturnschuhen und schießt tonnenweise traumhafte Tore mit Tomaten. Das ist wirklich toll!

1. Um welchen Buchstaben geht es in der Geschichte?

2. Welche Wörter kennst du nicht?

3. Welche Wörter beginnen mit einem T/t?

4. Wie wird das T/t ausgesprochen?

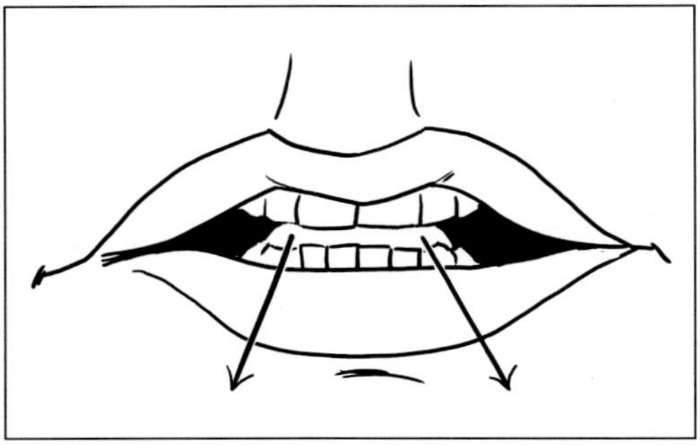

Beim T sind die Lippen leicht geöffnet und die Zungenspitze liegt an den oberen Schneidezähnen. Das stimmlose T wird gebildet, wenn Luft gegen die Zunge gedrückt und die Zunge schnell nach unten gezogen wird.

5. Klatsche die Silbe zu jedem Wort!

   Tisch, Tas-se, Turn-schuh, Tor, Tag, Ti-ger, To-ma-te, Turn-hal-le, Tau-send-fü-ßer

6. Stehe auf / Klatsche in die Hände / Stampfe mit den Füßen / Hebe die Hand, wenn das Wort mit einem T/t beginnt!

   Dackel, Tag, Auto, rot, Tiger, Brot, Kind, Tomate, Salat, tausend, Turnmatten, Telefon, Hund

7. Versuche, den Zungenbrecher nachzusprechen!

   Tiger Toni trägt täglich Taube Tildas tausend Tüten.

8. Finde passende Reimwörter!

   Fisch – Tisch / weich – Teich / Kopf – Topf / Ohr – Tor / Klasse – Tasse / Sorte – Torte / Raum – Traum / Haube – Taube / mag – Tag

U wie ... Ulli, der Uhu, fürchtet sich unheimlich

Wenn Ulli, der Uhu, sich nachts vom Ufer aus auf den Weg macht, dann macht er eigentlich immer unglaublich viel Unsinn. Ulli stellt heimlich die unzähligen Uhren der Kinder um oder fliegt in den unterirdischen Tunneln der U-Bahn umher. Dort ist es nämlich so schön unheimlich.

Schon seine Urgroßeltern Uhu Udo und Uhu Ursula haben gerne Unsinn angestellt. Zum Glück waren sie nie unvorsichtig und so ist nie ein Unfall passiert. Manchmal haben die Urgroßeltern sich einen Umhang umgehängt und Ulli damit unheimlich erschreckt.

Eines Nachts um ein Uhr sieht Ulli unten auf der Wiese etwas so Ungeheuerliches, dass er es mit der Angst zu tun bekommt. Das flatternde Ungeheuer ist ungefähr so groß wie eine Umhängetasche und ausgerechnet heute gibt es auch noch ein Unwetter! Das komische Etwas bewegt sich unruhig im Wind hin und her.

Ulli versteckt sich unter einem Baum, bis es um ungefähr sieben Uhr wieder hell wird. Da sieht er es: Das Ungeheuer, das an der Wäscheleine im Wind umherflattert, ist eine Unterhose.

1. Um welchen Buchstaben geht es in der Geschichte?

2. Welche Wörter kennst du nicht?

3. Welche Wörter beginnen mit U/u?

4. Wie wird das U/u ausgesprochen?

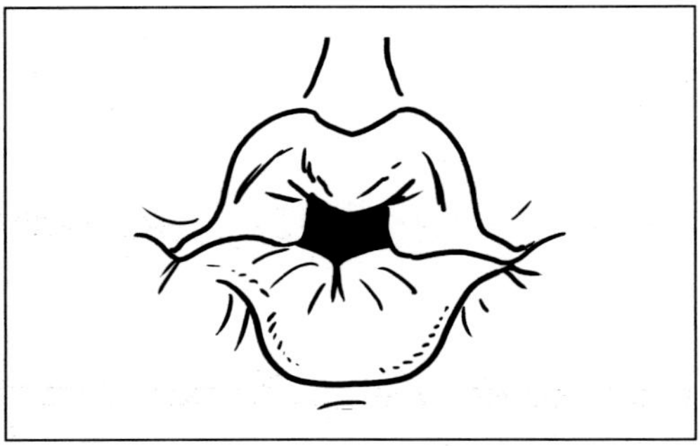

Beim U bilden die Lippen ein kleines rundes Loch. Dabei sind sie leicht vorgestülpt und angespannt. Die Zungenspitze liegt an den unteren Schneidezähnen.

5. Klatsche die Silbe zu jedem Wort!

   U-hu, Uhr, Un-ge-heu-er, Un-wet-ter, Un-sinn, Ur-groß-el-tern, Un-ter-ho-se, un-heim-lich

6. Stehe auf / Klatsche in die Hände / Stampfe mit den Füßen / Hebe die Hand, wenn das Wort mit einem U/u beginnt!

   Ofen, Unfall, Hut, Uhu, Buch, Unsinn, Unwetter, Bus, Unterhose, Rutsche, Wurst, Ruine

7. Versuche, den Zungenbrecher nachzusprechen!

   Uhu Ulli und Uhu Udo umfliegen unheimliche Unwetter.

8. Finde passende Reimwörter!

   Kur – Uhr / munter – unter / Judo – Udo / Funken – Unken / Pute – Ute / Hund – und / krumm – um / Tour – Uhr

V wie ... Valerie, die Vogelspinne, ist verliebt

Valerie, die Vogelspinne, wohnt mit ihrem Vater in einer alten Villa mit Veranda in Venedig. Da Valerie eine Brille tragen muss, wird sie von allen nur Vierauge genannt. Vogelspinne Valerie muss vorsichtig sein, damit sie von Vielfraß Valentin, dem Vogel, nicht verspeist wird. Valentin, der Vogel, wohnt hinter dem Vulkan.

Als die Vogelspinne Valerie vormittags auf der Veranda sitzt und Vanilletee trinkt, kommt auf einmal Vogel Valentin angeflogen. Da verschluckt sie sich, verschüttet ihren Vanilletee und verkriecht sich hinter einem langen, violetten Vorhang. Valerie versucht, vorsichtig zu entkommen, doch das klappt nicht. Aus Angst wirft sie eine Vase nach dem Vogel, doch sie verfehlt ihn.

„Du Volltrottel!", schimpft Valentin und wirft die Vase zurück. Die Vase verfehlt Valerie, die Vogelspinne, um vier Zentimeter. „Nein, du bist ein Vollidiot!"

Doch dann sagt Vogel Valentin etwas Versöhnliches: „Vielleicht bin ich ein wenig in dich verknallt." Valerie ist ganz verzückt und antwortet: „Vielleicht bin ich auch ein klein wenig in dich verliebt!" Und so versöhnen sich Valentin und Valerie, weil sie sich ineinander verliebt haben.

1. Um welchen Buchstaben geht es in der Geschichte?

2. Welche Wörter kennst du nicht?

3. Welche Wörter beginnen mit V/v?

4. Wie wird das V/v ausgesprochen?
Das V kann auf zwei Weisen ausgesprochen werden:

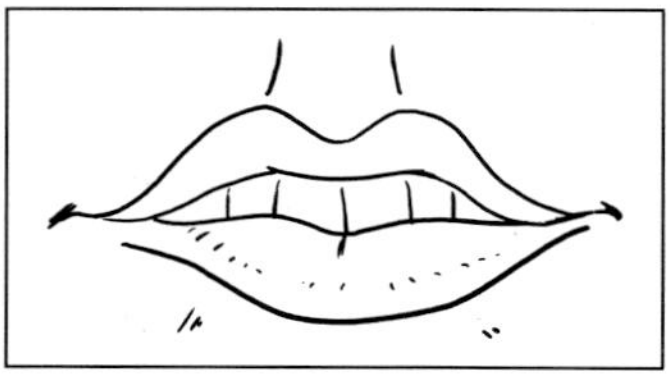

Wie W: Die oberen Schneidezähne liegen leicht auf der Unterlippe, dabei wird leicht ausgeatmet. Es wird mit Stimme gesprochen.

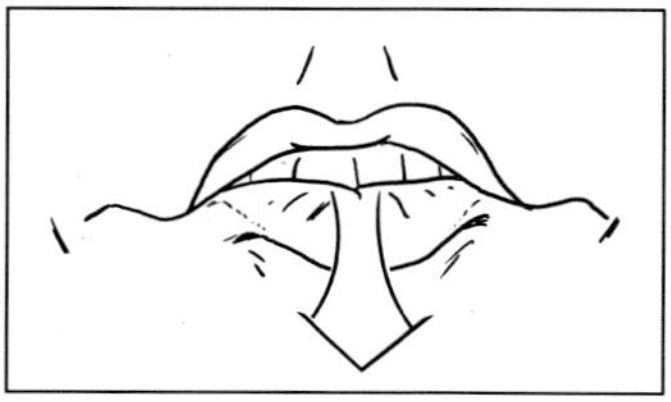

Wie F: Die oberen Schneidezähne liegen auf der Unterlippe und die Zunge liegt flach im Mund. Die Luft wird gegen die Schneidezähne gedrückt. Es wird ohne Stimme gesprochen.

5. Klatsche die Silbe zu jedem Wort!

Vo-gel, Vil-la, Vul-kan, Vor-mit-tag, Va-se, Voll-trot-tel, Vo-gel-spin-ne, ver-liebt

6. Stehe auf / Klatsche in die Hände / Stampfe mit den Füßen / Hebe die Hand, wenn das Wort mit einem V/v beginnt!

Vogel, Vase, Flugzeug, Vater, Vampir, Freund, Vulkan, Winter, verliebt, werfen

7. Versuche, den Zungenbrecher nachzusprechen!

Vogel Valentin vom violetten Vulkan vermisst Vogelspinne Valerie.

8. Finde passende Reimwörter!

Tier – vier / Kater – Vater / toll – voll / Blase – Vase / Bonn – von / Korn – vorn / Ziel – viel / Nase – Vase / Spiel – viel

Hinweis: Das V ist ein schwieriger Fall: Es kann so klingen wie ein F („Vogel") oder wie ein W („Villa"). Trotzdem wird ein V geschrieben. Hierfür gibt es keine Regeln. Die Kinder müssen sich die unterschiedliche Schreibweise der Wörter einprägen.
Und: Im Süddeutschen neigen Sprecher bei Namen mit V – wie z.B. bei Valentin – zu einer Aussprache mit F.

W wie ... Willi, das Wiesel, will wandern

Willi, das Wiesel, wacht auf, weil sein Wecker am Wochenende klingelt. Das Wetter ist wunderbar. Es gibt nur wenige weiße Wolken. Wiesel Willi will mit Wurm Wilfried, seinem Freund, im Wald wandern gehen. Das ist immer sehr witzig, denn Wurm Wilfried kennt wahnsinnig viele Witze. Wo bleibt Wurm Wilfried denn nur? Endlich ist er da.

„Was hast du alles in deinem Wanderrucksack?“, will Wiesel Willi wissen.

„Ich habe eine Wassermelone, Wackelpudding, Wurstsalat, Wasser, etwas gegen Wespenstiche und eine Waage dabei.“

„Eine Waage? Warum das denn?“, wundert sich Wiesel Willi.

„Die Waage ist für Walross Wanda, denn sie möchte sich gerne wiegen.“

„Wunderbar“, findet das Wiesel Willi.

Dann machen sie sich auf den Weg durch den Wald zu Walross Wanda. Sie liegt in ihrer weißen Wäsche am Wasser und genießt die Wellen. Walross Wanda watschelt sofort auf die Waage. Die Waage wackelt und – wumms – geht sie kaputt. Walross Wanda wiegt einfach zu viel.

„Wahnsinn, wie viel du wiegst, Wanda.“ Wurm Wilfried und Wiesel Willi sind wahrlich beeindruckt. Walross Wanda weiß, woran das liegt. „Wahrscheinlich habe ich an Weihnachten zu viele Waffeln und zu viel Wurstsalat gegessen. Aber Weihnachten war einfach wunderbar.“

1. Um welchen Buchstaben geht es in der Geschichte?

2. Welche Wörter kennst du nicht?

3. Welche Wörter beginnen mit W/w?

4. Wie wird das W/w ausgesprochen?

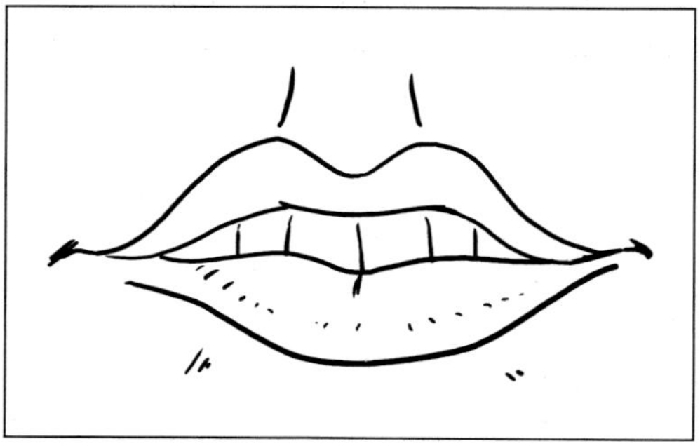

Die oberen Schneidezähne liegen leicht auf der Unterlippe, dabei wird leicht ausgeatmet. Das W wird mit Stimme gesprochen.

5. Klatsche die Silbe zu jedem Wort!

Wald, Wel-len, Wal-ross, Was-ser-me-lo-ne, Wurm, wun-der-bar, Wo-chen-en-de

6. Stehe auf / Klatsche in die Hände / Stampfe mit den Füßen / Hebe die Hand, wenn das Wort mit einem W/w beginnt!

Löwe, Wecker, Witze, Kiwi, Feder, Wald, Wespe, Ferien, Schwimmbad, Wand

7. Versuche, den Zungenbrecher nachzusprechen!

Willi Wiesel weiß wahnsinnig witzige Walrosswitze.

8. Finde passende Reimwörter!

kalt – Wald / Rand – Wand / Delle – Welle / Turm – Wurm / Rochen – Wochen / kann – wann / naschen – waschen

X wie ... Xenia, die Hexe, wünscht sich einen Boxer

Die Hexe Xenia wünscht sich einen Hund und endlich bekommt sie auch einen. Es ist Xaver, ein Boxer. Mit einer Axt baut sie ihm eine Hundebox aus ihrem alten Xylophon.

Eines Tages will Hexe Xenia mit ihrem Boxer eine Exkursion auf einen Berg machen. Da sie nicht selbst hochkraxeln möchte, ruft sie ein Taxi.

„Was ist denn das für ein Luxus, dass Boxer mit dem Taxi fahren?“, empört sich Xabi, der Taxifahrer. Xabi stellt das Taxameter an. Am Ende der Taxifahrt beschwert sich Hexe Xenia: „Das ist aber extrem teuer. Sind da etwa Extrakosten berechnet?“

„Die Extrawurst für den Boxer ist halt teuer.“ Taxifahrer Xabi grinst. Da explodiert Hexe Xenia und sagt einen Zaubertext auf, während Xaver, der Boxer, knurrt. Hexe Xenia verhext das Taxi in ein Lexikon und Taxifahrer Xabi in eine extrem hässliche Nixe namens Alexandra.

1. Um welchen Buchstaben geht es in der Geschichte?
2. Welche Wörter kennst du nicht?
3. Welche Wörter beginnen mit X/x?
4. Wie wird das X/x ausgesprochen?

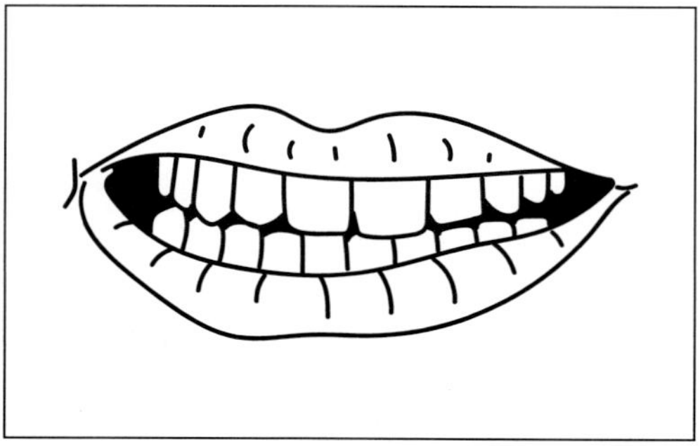

Beim stimmlosen K ist der Mund geöffnet, die Zunge bleibt zunächst unten liegen. Im Rachen entsteht das K. Dann bewegt sich die Zunge nach vorne und ein Zischlaut wird ausgestoßen.

5. Klatsche die Silben zu jedem Wort!

   He-xe, Bo-xer, Ta-xi-fah-rer, Zau-ber-text, Ex-plo-si-on, fix, Ex-tra-kos-ten

6. Stehe auf / Klatsche in die Hände / Stampfe mit den Füßen / Hebe die Hand, wenn du im Wort ein X/x hörst!

   Taxi, Hexe, extra, Locher, nachts, Boxer, Knoten, Nixe, Mixer, nichts

7. Versuche, den Zungenbrecher nachzusprechen!

   Hexe Xenia verhext Taxifahrer Xabi extra in einen Boxer.

8. Finde passende Reimwörter!

   Echse – Hexe / Knicks – X / Ochsen – boxen / Kenia – Xenia

Y wie ... Yogi, das Yak, und die Ypsilon-Olympiade

Das Yak Yogi nimmt an einer Ypsilon-Olympiade in Ägypten teil. Jedes Mal gibt es eine große Party in der Pyramide, wenn viele Typen Wörter oder Sätze mit Ypsilon bilden. Die Ypsilon-Olympiaden-Jury besteht aus Ronny, dem Rowdy, Lady Yvonne und Yuma, dem Cowboy. Sie sind alle sehr sympathisch.

Yak Yogi analysiert zunächst alle Ypsilonwörter, dann zieht es seinen Pyjama aus und den Zylinder an, nimmt seine Papyrusrolle und macht sich auf den Weg zur Ypsilon-Olympiade. Sein Teddy und sein Pony drücken ihm die Daumen. Die Jury ist sehr gespannt und lauscht Yak Yogi, als er seinen Ypsilon-Satz aufsagt:

„Der Yorkshire-Terrier York aus Yorkshire mag Yoga, Yin und Yang und macht Gymnastik an der Yuccapalme entlang.“

1. Um welchen Buchstaben geht es in der Geschichte?

2. Welche Wörter kennst du nicht?

3. Welche Wörter beginnen mit Y/y?

4. Wie wird das Y/y ausgesprochen?
Das Y kann auf drei Weisen ausgesprochen werden:

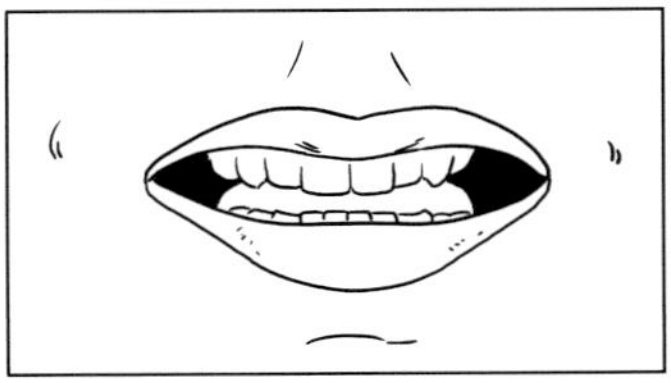

Wie J: Der Mund ist geöffnet und die Zunge liegt breit hinter der unteren Zahnreihe. Die Luft entweicht langsam. Das J wird mit Stimme gesprochen.

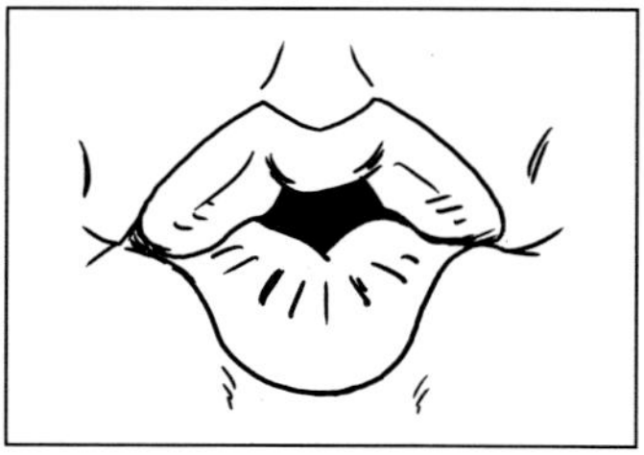

Wie Ü: Beim Ü bilden die Lippen ein kleines rundes Loch und sind leicht nach vorne gestülpt. Die Zungenspitze berührt die unteren Schneidezähne.

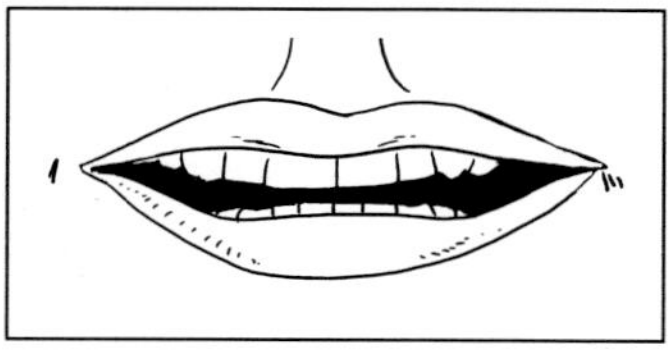

Wie I: Beim I wird der Mund breit geöffnet und die Zunge liegt flach im Mund.

5. Klatsche die Silben zu jedem Wort!

Yak, Yp-si-lon, Typ, Ron-ny, Yuc-ca-pal-me, Ted-dy, Pa-py-rus, Gym-nas-tik, Po-ny

6. Stehe auf / Klatsche in die Hände / Stampfe mit den Füßen / Hebe die Hand, wenn das Wort mit einem Y/y beginnt!

York, Liebe, Bücher, Typ, Lippen, Ägypten, Tier, Jacke, Yak, Yoga, Teddy, Pony, Olympiade, Yuccapalme

7. Versuche, den Zungenbrecher nachzusprechen!

Yak Yogi aus New York mag Yoga und Yuccapalmen.

8. Finde passende Reimwörter!

Lack – Yak / trüb – Typ / Kork – York / Ronny – Pony / Freddy – Teddy

Hinweis: Das Y ist ein schwieriger Fall: Am Wortanfang klingt es oft wie J („Yeti“), in der Wortmitte wie Ü („Pyramide“) und am Wortende wie I („Baby“). Trotzdem wird ein Y geschrieben. Im Deutschen wird das Y fast ausschließlich in Eigennamen und Fremdwörtern verwendet.

Z wie ... Zacharias, das Zebra, hat Zahnschmerzen

Zacharias, das Zebra, soll heute im Zelt des zauberhaften Zirkus Zipero auftreten. Vor lauter Aufregung zofft es sich erst mit dem Zwergkaninchen Zara und dann zittert auch noch seine Zunge. Zur Beruhigung isst Zebra Zacharias einen ganzen Zentner Zucker, zehntausend Zuckerwürfel und trinkt zusätzlich zehn Flaschen Zitronenlimonade. Danach bekommt das Zebra ziemlich schlimme Zahnschmerzen. Ein Zahn zwickt und zwackt.

„Sapperlot, was tut mein Zahn weh!“, beklagt sich Zacharias. Seine Freundin Zenzi, die Ziege aus dem Zoo, hat eine zündende Idee: Sie gibt ihm Zahnpasta und eine Zahnbürste. Als das nicht hilft, gibt sie dem Zebra eine Zwiebel. Zacharias hält sich die Zwiebel an den schmerzenden Zahn, aber auch das hilft nicht: Zebra Zacharias muss zum Zahnarzt. Dort zappelt und zittert er auf dem Zahnarztstuhl herum.

Zobel Zorro, der Zahnarzt, benutzt zuerst einen Zahnstocher und holt dann seine große Zange, zählt bis zehn und – zack – zieht er den Zahn heraus. Das hat zum Glück nicht wehgetan. Zebra Zacharias ist zufrieden, denn so kann er abends doch noch im Zirkus Zipero auftreten und seinen berühmten Zappel-Zitter-Zehen-Tanz aufführen.

1. Um welchen Buchstaben geht es in der Geschichte?

2. Welche Wörter kennst du nicht?

3. Welche Wörter beginnen mit Z/z?

4. Wie wird das Z/z ausgesprochen?

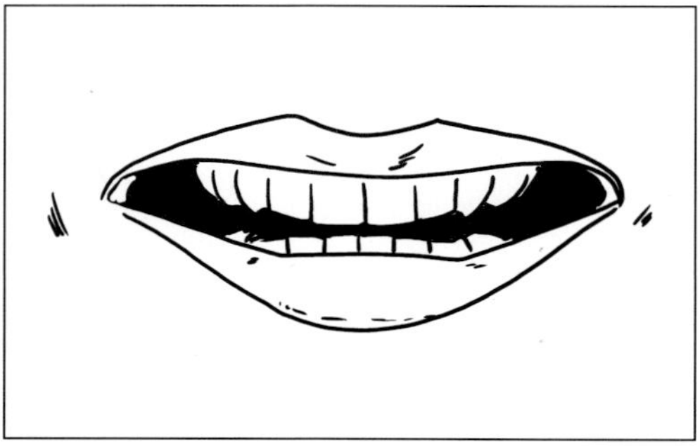

Die Zungenspitze berührt kurz die oberen Schneidezähne; der Mund ist geöffnet und während ausgeatmet wird, entweicht der Luftstrom durch die Zungenrinne.

5. Klatsche die Silben zu jedem Wort!

Zeb-ra, Zir-kus, Zahn-schmer-zen, Zwie-bel, Zahn-sto-cher, Zi-tro-nen-li-mo-na-de

6. Stehe auf / Klatsche in die Hände / Stampfe mit den Füßen / Hebe die Hand, wenn das Wort mit einem Z/z beginnt!

Zauberer, Herz, Zahnarzt, Pilz, Kerze, Sonne, Zelt, tanzen, Pizza, zittern, Flasche, Zuschauer

7. Versuche, den Zungenbrecher nachzusprechen!

Zahnarzt Zobel Zorro zieht zackig Zebra Zacharias' Zahn.

8. Finde passende Reimwörter!

Bahn – Zahn / Lunge – Zunge / Geld – Zelt / rappeln – zappeln / Wange – Zange / Rentner – Zentner / Kahn – Zahn / Giebel – Zwiebel / bellt – Zelt

Ä wie ... Ägidius, das Schneideräffchen vom Äquator

Ägidius, das Äffchen vom Äquator, ist Schneider in einer ärmlichen Änderungsschneiderei. Während seiner Pausen liegt das Äffchen in den Ästen eines älteren Apfelbaumes und nascht einige Äpfel.

Eines Tages verschluckt es aus Versehen die beiden ähnlich aussehenden Apfelwürmer Ästa und Ätna. Welch großes Ärgernis! Ängstlich läuft Ägidius, das Äffchen, sofort zum Ältestenrat. Doch der Ältestenrat kann ihm nicht helfen. Also läuft Ägidius weiter zu Änne, der Ärztin.

Änne krempelt ihre Ärmel hoch und fragt das Äffchen: „Ähm, Ägidius, wie kannst du denn nur so viele Äpfel von dem Apfelbaum essen? Du weißt doch, dass dort die Apfelwürmer wohnen.“ Kleine Äderchen treten an der Stirn von Änne, der Ärztin, hervor. Noch bevor Ägidius „Ä“ sagen kann, hat Änne die beiden Apfelwürmer gesund aus dem Bauch des Äffchens gerettet.

Ästa und Ätna recken und strecken sich. Obwohl die beiden dem Äffchen nicht böse sind, ändert Ägidius ihnen kostenlos die Kleidung, näht für sie ärmellose Umhänge und schneidet ältere Äste von ihrem Apfelbaum. Und er verspricht, nie wieder Äpfel von diesem Apfelbaum zu essen.

1. Um welchen Buchstaben geht es in der Geschichte?

2. Welche Wörter kennst du nicht?

3. Welche Wörter beginnen mit Ä/ä?

4. Wie wird das Ä/ä ausgesprochen?

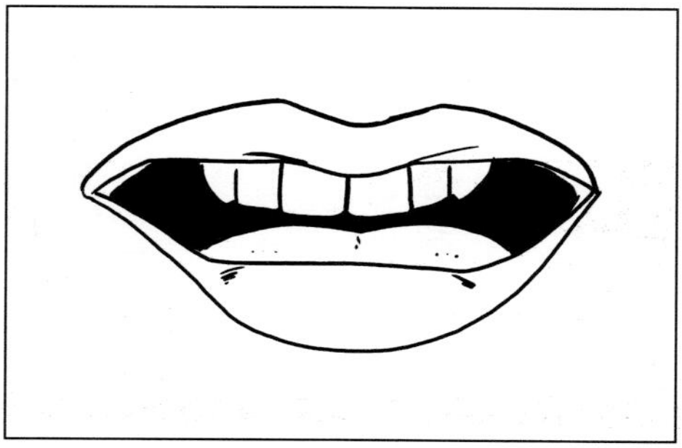

Beim Ä ist der Mund weit geöffnet, die Lippen sind rund wie beim A. Die Zunge liegt flach im Mund und die Zungenspitze berührt die vorderen Schneidezähne. Beim Sprechen des Lautes geht der hintere Zungenteil leicht nach oben.

5. Klatsche die Silben zu jedem Wort!

Ä-qua-tor, än-dern, Äp-fel-chen, äl-ter, Är-mel, Äff-chen, Äs-te, ängst-lich, Ä-der-chen

6. Stehe auf / Klatsche in die Hände / Stampfe mit den Füßen / Hebe die Hand, wenn das Wort mit einem Ä/ä beginnt!

Äffchen, Ägypten, Esel, ärgerlich, ärmlich, Träger, Apfel, Ärmel, Elefant, Dämmerung

7. Versuche, den Zungenbrecher nachzusprechen!

Ärztin Änne ärgert ältere Äffchen.

8. Finde passende Reimwörter!

kälter – älter / dämlich – ähnlich / schlendern – ändern / Käffchen – Äffchen / wärmer – ärmer

Ö wie … Ömel, die Ölsardine, arbeitet in der Ölsardinenfabrik

Ötzi aus Österreich baut Öfen. Sein Freund, der Ökobauer Örkel, reinigt die öffentlichen Toiletten in dem kleinen Örtchen Öttingen. Doch beide finden ihre Berufe immer öfter öde. Deshalb besuchen sie ihre Freundin, die Ölsardine Ömel, in der Ölsardinenfabrik während der Öffnungszeiten.

Ömel, die Ölsardine, arbeitet als Ölwechslerin in der Ölsardinenfabrik von Östersund. Ömel muss die öligen Dosen mit einem Öffner öffnen, das Öl ausgießen und neues Öl aus dem Ölfass vom östlichen Mittelmeer wieder einfüllen. Da sich das überhaupt nicht öde anhört, möchten Ötzi und Örkel jetzt auch in der örtlichen Ölsardinenfabrik von Östersund als Ölwechsler arbeiten.

1. Um welchen Buchstaben geht es in der Geschichte?

2. Welche Wörter kennst du noch nicht?

3. Welche Wörter beginnen mit Ö/ö?

4. Wie wird das Ö/ö ausgesprochen?

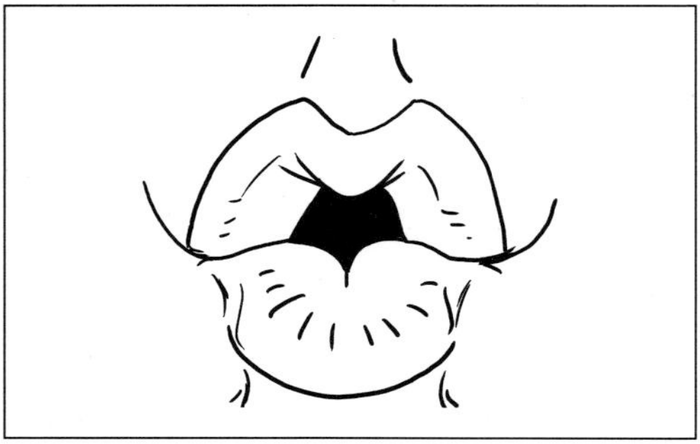

Beim Ö bilden die Lippen ein rundes Loch und die Zungenspitze berührt die unteren Schneidezähne. Der mittlere Teil der Zunge hebt sich leicht nach oben. Beim Sprechen entweicht die Luft langsam.

5. Klatsche die Silben zu jedem Wort!

Öl, Öff-ner, Ö-ko-bau-er, Ört-chen, öst-lich, Öl-fass, Öl-sar-di-ne, öf-fent-lich

6. Stehe auf / Klatsche in die Hände / Stampfe mit den Füßen / Hebe die Hand, wenn das Wort mit einem Ö/ö beginnt!

ölen, übrig, Osten, Ölsardine, Übungsheft, Fön, Ölfass, Tür, Dosenöffner

7. Versuche, den Zungenbrecher nachzusprechen!

Ölsardine Ömel öffnet ölige Ölfässer.

8. Finde passende Reimwörter!

grölen – ölen / wörtlich – örtlich / köstlich – östlich / Wörtchen – Örtchen / Törchen – Öhrchen

Ü wie ... Ümel, der Überseeadler, mit den übergroßen Flügeln

Überseeadler Ümel hat übergroße Flügel, damit er immer gut in seine Heimat nach Übersee fliegen kann. Doch in der Nacht wurden seine übergroßen Flügel geklaut. Jetzt sucht Ümel den Übeltäter.

Mit dem Überlandbus will er sich zuerst einen Überblick über das Übungsgelände für Überseeflüge verschaffen. Als er losfährt, überholt er seinen überraschten Freund, den Überseeadler Ümer. Ümer hilft ihm sofort bei der Suche, damit Ümel den Übeltäter nicht übersieht.

Auf dem Übungsgelände für Überseeflüge finden sie den Übeltäter sehr schnell, da er nicht zu übersehen ist.

„Wie habt ihr mich überhaupt überführen können?“, fragt dieser überrascht. „Du warst überhaupt nicht gut versteckt“, antwortet Ümel, der Überseeadler. Der Übeltäter überlegt und sagt schließlich: „Ich gebe dir deine Flügel gerne zurück, denn ich habe mich beim Üben übel verletzt und habe nun überall blaue Flecken.“ Der Übeltäter gibt Ümel die übergroßen Flügel zurück.

Ümel, der Überseeadler, macht vor Freude einen Überschlag und nimmt überglücklich seine Flügel entgegen. Übermorgen kann Ümel endlich nach Übersee fliegen.

1. Um welchen Buchstaben geht es in der Geschichte?
2. Welche Wörter kennst du noch nicht?
3. Welche Wörter beginnen mit Ü/ü?
4. Wie wird das Ü/ü ausgesprochen?

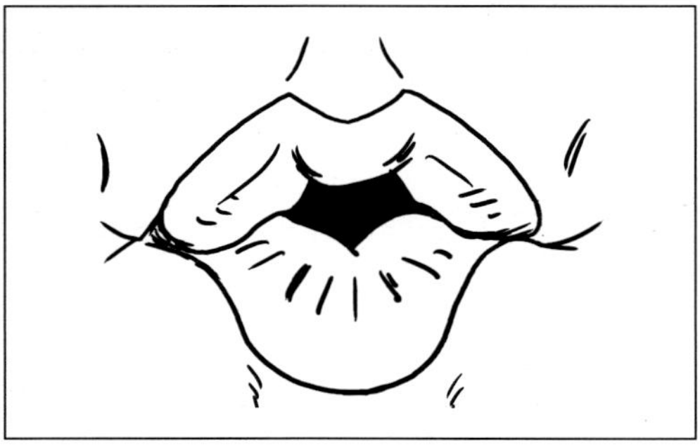

Beim Ü bilden die Lippen ein kleines rundes Loch und sind leicht nach vorne gestülpt. Die Zungenspitze berührt die unteren Schneidezähne.

5. Klatsche die Silben zu jedem Wort!

   Ü-ber-see, ü-ben, ü-ber-groß, üb-rig, ü-ber-all, Ü-bel-tä-ter, Ü-bungs-ge-län-de

6. Stehe auf / Klatsche in die Hände / Stampfe mit den Füßen / Hebe die Hand, wenn das Wort mit einem Ü/ü beginnt!

   Pfütze, überall, Flügel, über, Übungsheft, Würfel, Mütze, Übersee, Übeltäter, Öl

7. Versuche, den Zungenbrecher nachzusprechen!

   Ümel übt übrigens überall Überschläge.

8. Finde passende Reimwörter!

   Dübel – übel / drüben – üben / Kübel – übel / drüber – über

Sch wie … Schneemann Schüttelfrost schmilzt

Als zum Ende des Winters die Sonne wieder kräftig scheint, schrumpft Schneemann Schüttelfrost. Er schmilzt, und das ist schade.

Die schüchternen Schwanenschwestern Schwanhild und Schwantje, das schwabbelige Schweinchen Schwindelig mit dem hängenden Schwänzchen, die schrecklich schlaue Schlange Schlaudrich sowie die scheußlich glitschige Schnecke Schlangsam sind traurig, als sie den Schlamassel sehen.

„Lasst uns beim nächsten Schnee einen neuen Schneemann bauen. Wir nennen ihn dann Schneemann Schüttelfrost, den Schönen", schlägt Schlange Schlaudrich vor.

Als es endlich wieder schneit, bauen sie im Schatten des Schuppens einen schönen, neuen Schneemann. Sie setzen ihm eine schwarze Schale als Hut auf den Kopf, befestigen Schokoladenaugen, einen Schnabelmund mit Schaumbart, ziehen ihm einen Schal mit schimmernden Schleifen und sogar Schuhe zum Schutz vor einem Schnupfen an.

Zum Schluss binden sie ihm noch eine Schürze um und setzen ihm einen schönen Schmetterling auf die Schulter. Schließlich ist Schneemann Schüttelfrost, der Schöne, der schönste Schneemann weit und breit.

1. Um welchen Laut geht es in der Geschichte?

2. Welche Wörter kennst du nicht?

3. Welche Wörter beginnen mit Sch/sch?

4. Wie wird das Sch/sch ausgesprochen?

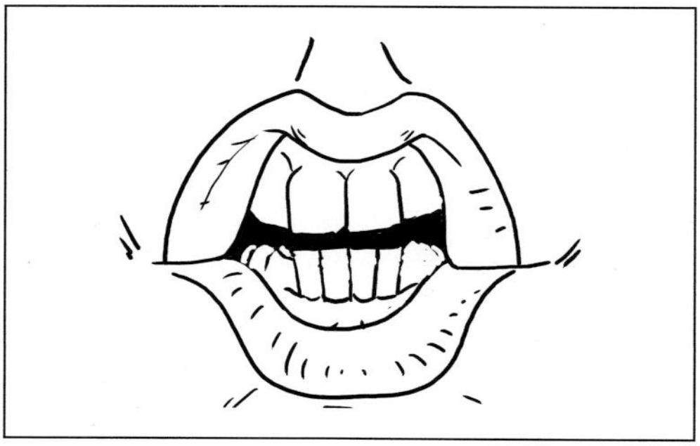

Beim Sch werden die Lippen wie bei einer Schnute nach vorne gestülpt. Während die Zungenspitze im Mund schwebt, entweicht langsam die Luft. Das Sch hört sich so an, als würde Dampf entweichen.

5. Klatsche die Silben zu jedem Wort!

Schnee-mann, Schlan-ge, Schlei-fe, Schluss, Schüt-tel-frost, Scho-ko-la-den-au-gen

6. Stehe auf / Klatsche in die Hände / Stampfe mit den Füßen / Hebe die Hand, wenn das Wort mit Sch/sch beginnt!

Sonne, schwarz, Schmetterling, Fisch, Tasche, Muschel, Schatz, Schutz, Kiste, stolz

7. Versuche, den Zungenbrecher nachzusprechen!

Dem schwabbeligen Schweinchen Schwindelig schmeckt scharfe Schokolade.

8. Finde passende Reimwörter!

Klee – Schnee / Bus – Schuss / klein – Schein / Riff – Schiff / kahl – Schal / Matten – Schatten / lange – Schlange / grell – schnell

Ei wie ... Eike, der Eisvogel, ist einsam

Eike, der Eisvogel, wohnt in der eiskalten Eifel und ist furchtbar einsam. Eines Tages fragt Eike daher das einheimische Eichhörnchen Eileen, ob es zu ihm in die alte Eiche einziehen möchte. Eichhörnchen Eileen ist eigentlich gerade dabei, eifrig Eicheln einzusammeln, trotzdem ist es sofort mit Eikes Vorschlag einverstanden.

Als Eike und Eileen beim Einkaufen Eibo, den Einsiedlerkrebs, treffen, fragen sie ihn, ob er nicht auch ein wenig einsam sei.

„Eigentlich schon, denn ich wohne abgeschieden in der Einöde“, antwortet Eibo. Der Einsiedlerkrebs ist Eisverkäufer und verkauft sein Eis aus Eimern. Einen Tag später kommt Eibo mit dem Eilzug und zieht bei Eike und Eileen in die alte Eiche ein.

Als die drei eine Woche später beim Eierkaufen die Eidechse Eila und den Eisbären Einhardt treffen, fragen sie die beiden, ob sie nicht auch zu ihnen in die alte Eiche ziehen wollen. Die beiden sind sofort einverstanden und siedeln eilig in die alte Eiche über, obwohl Eidechse Eila es eigentlich eiskalt in der Eifel findet.

Nun sind Eike, der Eisvogel, Eileen, das Eichhörnchen, Eibo, der Einsiedlerkrebs, Eila, die Eidechse, und Einhardt, der Eisbär, nicht mehr einsam und einfach nur noch glücklich in ihrer Eiche in der eiskalten Eifel.

1. Um welchen Laut geht es in der Geschichte?

2. Welche Wörter kennst du nicht?

3. Welche Wörter beginnen mit Ei/ei?

4. Wie wird das Ei/ei ausgesprochen?

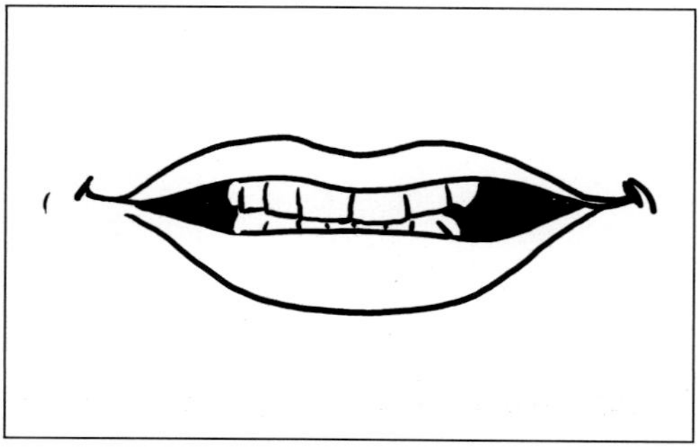

Das Ei ist ein Zwillingslaut, bei dem zuerst der Mund – wie beim A – weit geöffnet wird. Dann werden die Lippen breit gezogen und das I wird gebildet. Die beiden Laute A und I werden verschmolzen.

5. Klatsche die Silben zu jedem Wort!

   Eis, Ei-mer, Eis-vo-gel, Eis-bär, Eich-hörn-chen, ein-sam, ein-mal, Ei-dech-se

6. Stehe auf / Klatsche in die Hände / Stampfe mit den Füßen / Hebe die Hand, wenn das Wort mit Ei/ei beginnt!

   Eisvogel, Reiter, Meise, eiskalt, einmal, Eiche, Schwein, Papagei, Bein, Eisbär

7. Versuche, den Zungenbrecher nachzusprechen!

   Eisvogel Eike isst eifrig ein eiskaltes Eis.

8. Finde passende Reimwörter!

   Weiche – Eiche / Kreis – Eis / Schleimer – Eimer / Kleid – Eid / Zweifel – Eifel / Bein – ein / Meile – Eile / Reisen – Eisen

Au wie ... August, der Auerhahn, ist Außenminister

August, der Auerhahn, ist Außenminister von Australien und im August auf Auslandsreise in Aurich. Im Auricher Außenhafen trifft er bei einer Audienz auf Augustine, die Auster, und ist ausnahmsweise einmal aufgeregt, denn Augustine hat eine außergewöhnliche Ausstrahlung und sieht toll aus.

August, der Auerhahn, fragt Augustine, die Auster, ob sie mit ihm ausgehen möchte.

„Au ja, gerne“, antwortet die Auster. Mit dem Auto fahren sie zum Auerbachplatz. August hat nur noch Augen für Augustine. Nach einem ausgesprochen leckeren Abendessen mit Auflauf gehen die beiden zum Ausgang.

Doch vor dem Ausgang warten außergewöhnlich viele Leute. Es ist aussichtslos: Alle wollen ein Autogramm von dem berühmten Außenminister August, dem Auerhahn, haben.

1. Um welchen Laut geht es in der Geschichte?

2. Welche Wörter kennst du nicht?

3. Welche Wörter beginnen mit Au/au?

4. Wie wird das Au/au ausgesprochen?

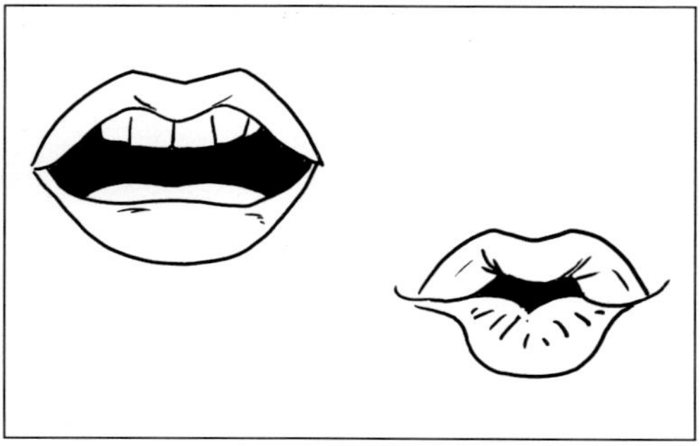

Das Au ist ein Zwillingslaut, bei dem zunächst der Mund wie beim A weit geöffnet wird. Dann werden die Lippen wie beim U etwas nach vorne gestülpt. Beide Laute verschmelzen miteinander.

5. Klatsche die Silben zu jedem Wort!

Au-to, Aus-gang, Au-to-gramm, Au-ge, Aus-ter, Au-er-hahn, Aus-lands-rei-se

6. Stehe auf / Klatsche in die Hände / Stampfe mit den Füßen / Hebe die Hand, wenn das Wort mit Au/au beginnt!

Maus, Auerhahn, Schaukel, Auto, Auge, außerdem, grau, Baum, Außenminister

7. Versuche, den Zungenbrecher nachzusprechen!

Auf Augusts Auto sitzt eine auffällige Auster mit aufgerissenen Augen.

8. Finde passende Reimwörter!

Lauge – Auge / Kauf – auf / Lauch – auch / Haue – Aue / Paula – Aula / Haus – aus / saugen – Augen / draußen – außen

Sp wie ... Speranza, die Spinne, will nicht mehr spinnen

Die Spinne Speranza hat keine Lust mehr, Spinnennetze zu spinnen. Deshalb fragt sie am späten Abend Spartakus, den Spatz, und Spencer, die Spitzmaus, ob sie mit ihr spielen wollen.

„Sollen wir etwas Spaßiges spielen? Zum Beispiel unser Sparschwein schlachten, einen Spaziergang machen, spanisch sprechen oder Spiro, den Sperber, ausspionieren?“

Der Spitzmaus Spencer ist das nicht spannend genug. Spencer spuckt gelangweilt ein Stück Speck aus und spottet über die anderen: „Ihr seid doch Spießer. Aber ich habe eine spitzenmäßige Idee. Wollt ihr sie wissen?“

Die anderen springen spontan auf. Die Spitzmaus spricht ganz leise. Die Spannung steigt. Kurze Zeit später nennen sich die drei „Die spanischen Spaßvögel“. Sie wollen im Spätsommer ein spannendes Spektakel auf dem Sportplatz zeigen. Wegen der spanischen Spaßvögel muss ein Spezialeinsatzkommando sogar die Straße zum Sportplatz sperren. Selbst die Spechte springen aufgeregt umher. Dann beginnt das Spektakel:

Spinne Speranza spuckt Spaghetti mit Sprudel und andere Speisen aus, Spartakus, der Spatz, sprayt spannende Sprüche an die Sporthallenwand und Spitzmaus Spencer spritzt Spinat aus einer Spritze. So viel spitzenmäßigen Spaß bis spät in die Nacht gab es auf dem Sportplatz noch nie!

1. Um welchen Laut geht es in der Geschichte?
2. Welche Wörter kennst du nicht?
3. Welche Wörter beginnen mit Sp/sp?
4. Wie wird das Sp/sp ausgesprochen?

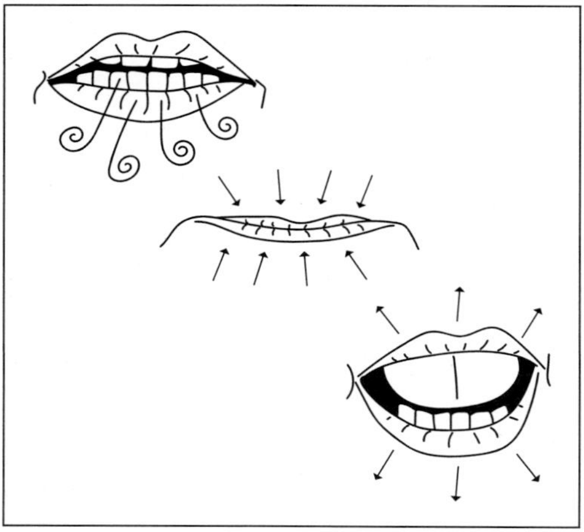

Das Sp klingt wie „schp". Der Mund ist leicht geöffnet, die Zahnreihen liegen locker aufeinander. Während die Luft ausströmt, schließen sich die Lippen und werden durch ausströmende Luft ruckartig wieder geöffnet.

5. Klatsche die Silben zu jedem Wort!

   Spin-ne, spät, Spitz-maus, Spru-del, Sport-hal-le, Spa-zier-gang, Spek-ta-kel, Span-nung

6. Stehe auf / Klatsche in die Hände / Stampfe mit den Füßen / Hebe die Hand, wenn das Wort mit Sp/sp beginnt!

   Gespenst, Spiel, Spargel, Tasse, Kiste, Kuss, Sparschwein, Lust, Spinat, Muskeln

7. Versuche, den Zungenbrecher nachzusprechen!

   Später speist Spinne Speranza spanische Spaghetti.

8. Finde passende Reimwörter!

   Rinne – Spinne / viel – Spiel / Mord – Sport / Glas – Spaß / Hitze – Spitze / Meer – Speer / Braten – Spaten / brechen – sprechen / Riegel – Spiegel

St wie … Stino, das Stinktier, und Stan, das Stachelschwein, haben Streit

Das Stachelschwein Stan stampft wütend mit dem Stiefel auf. Stan und Stino, das Stinktier mit den weißen Streifen, haben nämlich Streit.

„Du bist ein blöder Sturkopf!“, Stan starrt Stino wütend an.

„Jetzt siehst du aus wie ein Staubsauger auf der höchsten Stufe!“, ärgert das Stinktier.

„Und du stinkst immer!“, stichelt das Stachelschwein weiter.

„Und du stichst jeden mit deinen Stacheln!“, stottert Stino.

„Dafür bin ich stärker als du!“, Stan streckt seine Stacheln steil in die Höhe.

Und dann stürzt sich Stachelschwein Stan auf Stino und das Stinktier Stino stürmt auf Stan zu. Mitten auf einer staubigen Straße starten die beiden einen Kampf. Nach einer Stunde stürzt Stino und sieht nur noch Sterne. Stan denkt schon, dass er der Stärkere ist, aber das stimmt nicht.

In diesem Moment fängt Stino nämlich an zu stinken. Das Stinktier stinkt so furchtbar, dass es sich selbst die Nase zuhalten muss. Stefan, der Storch, und Stanislav, der Strauß, bleiben stumm auf der Straße stehen. Stoffel, der Steinbock, geht sogar stiften. Einen Moment lang ist es still.

„Stark, wie du stinken kannst!“, stammelt Stan beeindruckt und staunt. Da ist Stino mächtig stolz, so ein stinkiges Stinktier zu sein.

1. Um welchen Laut geht es in der Geschichte?

2. Welche Wörter kennst du nicht?

3. Welche Wörter beginnen mit St/st?

4. Wie wird das St/st ausgesprochen?

Das St klingt wie „scht". Beim Sprechen strömt Luft aus dem leicht geöffneten Mund, bis sie durch die Zungenspitze am Gaumen plötzlich gestoppt wird.

5. Klatsche die Silben zu jedem Wort!

stark, Stun-de, still, Stink-tier, Sta-chel-schwein, Steu-er, Staub-sau-ger, Stein-bock

6. Stehe auf / Klatsche in die Hände / Stampfe mit den Füßen / Hebe die Hand, wenn das Wort mit St/st beginnt!

Storch, Gespenst, Staubsauger, spielen, Spannung, Stall, Gestank, Straße, Pflaster

7. Versuche, den Zungenbrecher nachzusprechen!

Stans Stacheln stinken stark nach Stinktier Stino.

8. Finde passende Reimwörter!

Bein – Stein / Kamm – Stamm / Hufe – Stufe / Kern – Stern / All – Stall / Rauch – Strauch / dumm – stumm / rau – Stau / Wunde – Stunde / teuer – Steuer / Pfeil – steil

Pf wie … Pfarrer Pfaff pfeift auf Pfannekuchen

Pfarrer Pfaff aus der Pfalz liebt Pfannekuchen mit Pflaumenmus und Pfeffer, aber sein Pferd Pfiffi hat den Pfannekuchen mit Pflaumenmus und Pfeffer einfach aufgegessen.

„Für meinen nächsten Pfannekuchen pflückst du mir aber die Pflaumen. Das ist deine Pflicht!“, pfeffert Pfarrer Pfaff seinem Pferd Pfiffi deswegen entgegen.

„Aber ich habe doch Hufe und keine Pfoten zum Pflaumenpflücken.“

Pfarrer Pfaff ist ziemlich pfiffig und gibt seinem Pferd Pfiffi Pfeil und Bogen.

„Damit kannst du die Pflaumen vom Baum schießen!“ Pfiffi ist zwar sehr pflichtbewusst, schafft es aber nicht, auch nur eine Pflaume mit dem Pfeil abzuschießen. Immer trifft es nur den Pfosten. Da hat Pfarrer Pfaff noch eine pfiffige Idee.

„Dann gehst du halt auf den Markt und kaufst dort zwei Pfund Pflaumen.“ Über einen kleinen Pfad mit vielen Pfützen gelangt das Pferd zum Markt. Doch dort gibt es keine Pflaumen mehr. Deshalb kauft Pfiffi, das Pferd, zwei Pfund Pfirsiche für Pfarrer Pfaff. Zu Hause backt Pfarrer Pfaff fröhlich pfeifend eine Pfirsichtorte. Zusammen mit seinem Pferd und seinem Nachbarn, dem schönen Pfau, genießt er die Pfirsichtorte mit einer Tasse Pfefferminztee.

„Weißt du was, Pferd?“, sagt Pfarrer Pfaff. „Der Pfannekuchen kann bleiben, wo der Pfeffer wächst. Nächstes Jahr pflanzen wir einen Pfirsichbaum. Ab jetzt pfeifen wir auf Pflaumen!“

1. Um welchen Laut geht es in der Geschichte?

2. Welche Wörter kennst du nicht?

3. Welche Wörter beginnen mit Pf/pf?

4. Wie wird das Pf/pf ausgesprochen?

Beim Pf ist der Mund ist erst geschlossen, dann wird die Luft durch die Lippen gepresst, wobei die oberen Schneidezähne auf der unteren Lippe liegen.

5. Klatsche die Silben zu jedem Wort!

Pfef-fer, Pferd, Pflau-me, Pfar-rer, Pfeil, Pfir-sich, Pfan-ne-ku-chen, Pfef-fer-minz-tee

6. Stehe auf / Klatsche in die Hände / Stampfe mit den Füßen / Hebe die Hand, wenn das Wort mit Pf/pf beginnt!

Knopf, Pflaume, Fenster, Pferd, Bogen, Pfeil, Pflaster, pflücken, Topf, Pfütze, pfiffig, fröhlich

7. Versuche, den Zungenbrecher nachzusprechen!

Pfarrer Paff pflückt pfiffig Pflaumen vom Pflaumenbaum.

8. Finde passende Reimwörter!

Herd – Pferd / Mütze – Pfütze / Beil – Pfeil / Knoten – Pfoten / Treffer – Pfeffer / Licht – Pflicht / Stau – Pfau / Laster – Pflaster / steil – Pfeil

Ch wie ... Drache Achim möchte auch gefährlich sein

Der Drache Achim wohnt in einer Höhle hinter der Fichte bei der alten Eiche. Achim hat einen großen Wunsch: Er möchte so gerne gefährlich sein. Doch die beiden Drachen Heinrich und Erich lachen ihn immer nur aus. In dieser Woche ist es besonders schlimm.

„Du kannst doch echt nicht gefährlich sein, Achim!“, machen sie sich lustig. Vor Wut steigt dem Drachen Achim Rauch aus seinem Nasenloch, sodass er später im Bach tauchen und seine Nase mit einem weichen Tuch kühlen muss.

„Ach, wäre ich doch nur gefährlich.“ Traurig liest Achim in einem wichtigen Buch für gefährliche Drachen, als er plötzlich eine richtig gute Idee hat. Als Erich und Heinrich am Wochenende nachts in ihrer Drachenhöhle schnarchen, bindet Achim einen echten chinesischen Knochen an ein Bändchen. Als die Kirchturmglocke um Mitternacht schlägt, ist das sein Zeichen. Achim lässt den Knochen rechts gegen die Felswand krachen. Gleichzeitig zerbricht er einen Becher und schlägt gegen einen Kochtopf und ein Kuchenblech. Das macht einen herrlichen Krach. Und weil er kein Licht macht, sehen Heinrich und Erich nichts, als sie wach werden. Die beiden Drachen schrecken hoch, fluchen und wickeln sich ängstlich in einen achteckigen Teppich ein. Drache Achim muss kichern. Als Erich und Heinrich sehen, wer ihnen so einen Schrecken eingejagt hat, müssen sie auch lachen. Und sie loben Achim, den Drachen. „Jetzt bist du auch ein richtig frecher und echt gefährlicher Drache!“

1. Um welchen Laut geht es in der Geschichte?

2. Welche Wörter kennst du nicht?

3. Welche Wörter kennst du mit einem Ch/ch (in der Wortmitte)?

4. Wie wird das Ch/ch ausgesprochen?

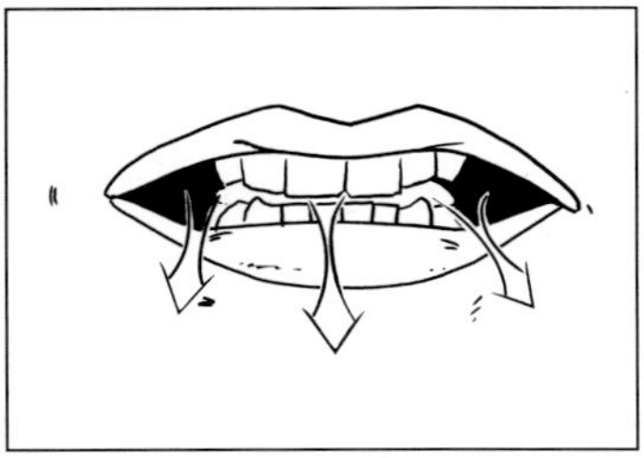

Manchmal klingt Ch wie in „ich“. Dabei liegt die Zunge hinter den unteren Schneidezähnen und die Zungenränder liegen an den Backenzähnen. Langsam entweicht die Luft und die Zunge macht einen Katzenbuckel. Der Laut wird ohne Stimme gesprochen.

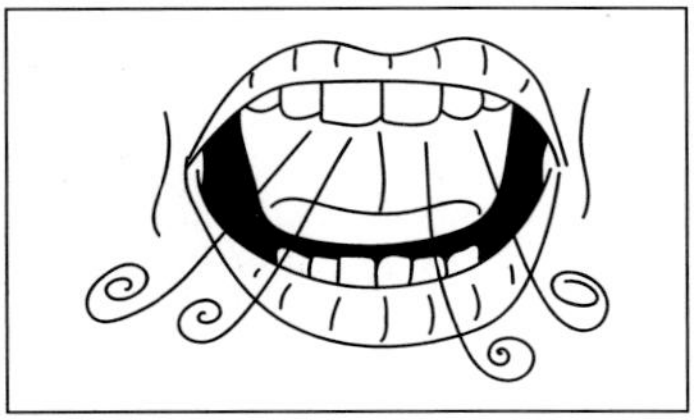

Manchmal klingt Ch wie in „ach“. Dabei entsteht im Rachen eine enge Stelle, durch die die Luft gepresst wird.

5. Klatsche die Silben zu jedem Wort!

Chi-na, acht, Ku-chen, Nacht, Che-mie-fa-brik, Koch-topf, Ge-dicht, Kirch-turm

6. Stehe auf / Klatsche in die Hände / Stampfe mit den Füßen / Hebe die Hand, wenn du Ch/ch hörst!

Kuchen, Krokodil, China, Buch, Glas, Teppich, Knochen, Fisch, Tasche

7. Versuche, den Zungenbrecher nachzusprechen!

Drache Achim macht acht echt freche Sachen.

8. Finde passende Reimwörter!

Knochen – lochen / acht – Nacht / Sachen – lachen – machen / mich – dich – sich / Tuch – Buch

Hinweis: Nach dunklen Vokalen (a, o, u, au) wird Ch als Rachenlaut [x] ausgesprochen: Fach, Loch, Buch, auch.
Nach allen anderen Vokalen, nach den Konsonanten l, m, n und r sowie als Teil der Endung „-chen“ wird Ch weich [ç] ausgesprochen: Pech, Eiche, frech, Mädchen.
In Verbindung mit einem folgenden S, am Wortanfang vor dunklen Vokalen (a, o, u), vor Konsonanten und bei Fremdwörtern aus dem Italienischen spricht man Ch wie [k]: wachsen, Chor, chaotisch, Chianti.

Eu wie ... Eugenia, die Eule, ist pleite

Die Eule Eugenia ist pleite. Sie hat keinen Euro mehr. So sitzt sie in ihrem Eulennest im Eukalyptusbaum und lässt traurig ihren Eulenkopf hängen, denn sie würde doch so gerne zur Europameisterschaft der Schleuder-Euter-Kühe fahren!

„Was ist denn mit dir los?“, fragt Eugen, ihr treuer Eulenfreund.

„Ich habe keinen Euro mehr. Dabei war ich ganz euphorisch und wollte heute mit meiner Freundin, der Eule Eulalia, zur Europameisterschaft der Schleuder-Euter-Kühe fahren“, heult Eugenia, die Eule.

„Was ist denn eine Schleuder-Euter-Kühe-Europameisterschaft?“, fragt Eugen neugierig.

„Alle europäischen Kühe sind dazu eingeladen. Wer seinen Euter am längsten schleudern kann, wird Schleuder-Euter-Europameister und bekommt einen Eukalyptuskranz.“

„Wie teuer ist denn der Eintritt?“, möchte Eugen wissen.

„Neun Euro neunundneunzig.“

„Das ist nun wirklich nicht so teuer. Weißt du was? Ich werde euch, Eulalia und dich, zur Europameisterschaft einladen“, bietet Eugen an. Eugenia freut sich. Und so fliegen die Eulen Eugenia, Eulalia und Eugen gemeinsam zur Europameisterschaft der Schleuder-Euter-Kühe.

1. Um welchen Laut geht es in der Geschichte?

2. Welche Wörter kennst du nicht?

3. Welche Wörter beginnen mit Eu/eu?

4. Wie wird das Eu/eu ausgesprochen?

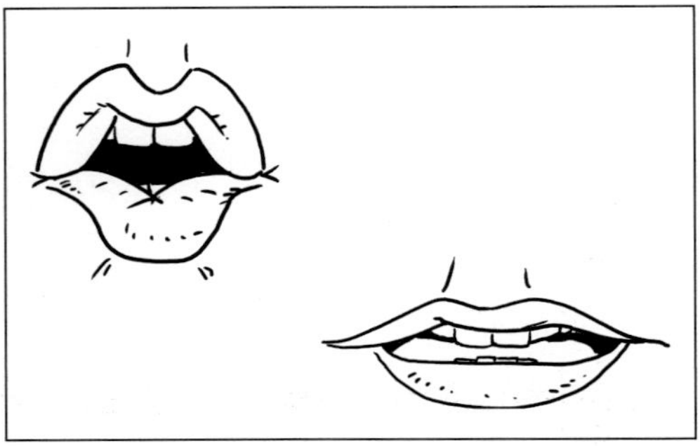

Eu ist ein Zwillingslaut. Zuerst spricht man ein kurzes O und dann ein I. Die Lippen bilden ein Loch und werden dann breiter gezogen. Die Zunge bewegt sich vorwärts zu den unteren Schneidezähnen.

5. Klatsche die Silben zu jedem Wort!

   Eu-le, Eu-ro, Eu-ter, Eu-ro-pa, Eu-ro-pa-mei-ster-schaft, Eu-ka-lyp-tus-baum

6. Stehe auf / Klatsche in die Hände / Stampfe mit den Füßen / Hebe die Hand, wenn das Wort mit Eu/eu beginnt!

   Eule, Schleuder, Euro, neugierig, Kranz, Euter, Keule, Heu, Kräuter, Kreuz, Neun

7. Versuche, den Zungenbrecher nachzusprechen!

   Eunita schleudert euphorisch ihren Euter.

8. Finde passende Reimwörter!

   Keule – Eule / Kräuter – Euter / Beule – Eule / beugen – Eugen / teuer – euer / Feuer – euer